Andreas Krone

Solar-Erntedankfest

Sommer - Sonnenwende

In der Mitte leuchtet die Sonne. Ihre Strahlen geben Wärme und ermöglichen Leben auf Erden. Die 16 Strahlen leuchten in alle Himmelsrichtungen und symbolisieren die Fülle, in der sich das Licht der Sonne überallhin ergießt. Ihre Kraft können wir mittels Photovoltaik und Solarthermie ernten und beschreiten damit den Weg in eine klimafreundliche Zukunft und das feiern wir als Solar-Erntedank.

Andreas Krone

Solar-Erntedankfest

Eine Handreichung zur solaren Bildung
Liturgische und andere Anregungen zur Energiewende
Mit Bildern von Lucy D'Souza-Krone

Mit einem Vorwort von Prof. Dr. Klaus Töpfer

Bibliografische Information der Deutschen Nationalbibliothek:
Die Deutsche Nationalbibliothek verzeichnet diese Publikation in der Deutschen Nationalbibliografie; detaillierte bibliografische Daten sind im Internet über dnb.dnb.de abrufbar.

Herstellung und Verlag: BoD – Books on Demand, Norderstedt

ISBN: 9783758312885

Inhaltsverzeichnis

Vorwort von Prof. Dr. Klaus Töpfer: „Solarerntedankfest“ 19.03.2024

Das Jahr 1816 wird heute noch „das Jahr ohne Sommer“ genannt. Der Grund: Im Jahr zuvor ereignete sich einer der größten Vulkanausbrüche – der Vulkan Tambora auf Indonesien schleuderte massenhaft Partikel in die Erdatmosphäre, verdunkelte die Sonne, zerstörte Ernten und bedrohte das Leben vieler Menschen, massenhafte Hungersnöte folgten.
Auswanderungswellen waren die Folgen. Die „Hunsrück-Deutschen“ fand ich in meiner Amtszeit als Under Secretary General der Vereinten Nationen und Executive Director des Umweltprogramms der Vereinten Nationen in Südbrasilien – im Hinterland der jetzigen Millionenstadt Porto Alegre.
Einen Gottesdienst besuchte ich in dieser Region: Die Lieder waren mir vertraut, die Texte konnte ich nur als Mischung von portugiesisch und Hunsrückdeutsch entziffern. Bis in unsere Tage hinein somit die Auswirkungen dieses „Jahres ohne Sommer“, ohne Sonne. Drastische Rückwirkungen auf die Natur in ihrer Vielfalt. Nahezu 100 Jahre später wurde in den Spitzenuniversitäten der USA eine Feststellung herausgearbeitet: Nature is over.
Mein hochverehrtes, langjähriges, wissenschaftliches Vorbild, Prof. Dr. Paul J. Crutzen mit seinen wissenschaftlichen Forschungen wird erneut höchst aktuell. Paul Crutzen erhielt 1995 zusammen mit Mario J. Molina und Frank S. Rowland den Chemienobelpreis. Höchste wissenschaftliche Ehrung erfuhren damit die Forschungsergebnisse, die weitgehend unabhängig von diesen drei Wissenschaftlern zur Erklärung des „Ozonlochs“ gegen vielfältige Widerstände in Wissenschaft und Praxis erarbeitet wurden. Die von Menschen verursachten massenhaften Emissionen von FCKW konnten als Täter dingfest gemacht werden. UNEP wurde verantwortlich für die Erarbeitung einer Konvention gegen die damit verbundene Wirkungskette. Die FCKW- und Halon-Verbotsverordnung wurde auf der entsprechenden international erarbeiteten Verbotskonvention und dem dadurch begründeten Montreal-Protokoll in Angriff genommen. Sie wurde zu einer Erfolgsgeschichte von wissenschaftlicher Erkenntnis und konkretem Handeln. Zeitenwenden wurden aufgedeckt:
In einem sehr kurzen Artikel unter dem Titel: „The Geology of Mankind“ (Nature 415, 23 (2002)) wurde Paul Crutzen zum entscheidenden Antreiber für die Erkenntnis eines „Menschenzeitalters“, eines Anthropozäns. Das Holozän, also das Naturzeitalter, wich dem Menschenzeitalter. Die Konsequenz bei Paul Crutzen:
„A dounting task lies ahead of scientist and engineers to guide this society through the area of the Anthropocene.”
Das „Jahr ohne Sommer“, das Jahr des massenhaften Hungers und Elends wurde zum Antrieb für tragfähige Lösungen. Bis zum heutigen Tag ist der

Übergang vom Holozän zum Anthropozän wissenschaftlich höchst umstritten. Die Dimensionen menschlichen Handelns, die mit der rasanten Entwicklung der „Künstlichen Intelligenz" verbunden sind, überholen geradezu diesen Streit in der Wissenschaft.
Und nun wird das Solarerntedankfest ausgerufen – durch Andreas Krone, der in diesem Buch Ideen zur Gestaltung von Solar-Erntedankfest entfaltet; inspiriert und beflügelt durch die bewegende Kunst, mit der Lucy D`Souza-Krone in der die Tradition des Hungertuches weltweit steht! Eine Kunst aus dem tiefen geistigen und emotionalen Wurzeln Indiens, eine Kunst, die uns immer wieder ermahnt, nicht im wirtschaftlichen Wachstum einen Selbstwert zu sehen.
Ein Erntedankfest, dass uns ermahnt, wissenschaftlichen Fortschritt und Erkenntnis so zu verstehen, dass die wissenschaftlichen Möglichkeiten zur Ernte der Sonne ohne bleibende Schäden für die von Gott geschaffene Vielfalt der Natur möglich wird. Dass auch bei der Ernte der Sonne und der damit ermöglichten nachhaltigen Energieerzeugung nicht erkauft werden darf durch einer Übernutzung der natürlichen Ressourcen, die diese Ernte realisieren.
Wieder stellt sich die grundsätzliche Frage, die Papst Franziskus mit der ersten ökologischen Enzyklika so gebieterisch gestellt hat: „Beherrscht der Mensch die Technik oder wird der Mensch durch die Technik beherrscht?"
Dieses „technokratische Paradigma" (Ziff. 109 Laudato si) tendiert dazu, die Wirtschaft und die Politik zu beherrschen. Und weiter schreibt Papst Franziskus: „Die Wirtschaft nimmt jede technologische Entwicklung im Hinblick auf den Ertrag an, ohne auf jegliche negative Auswirkungen auf den Menschen zu achten." Photovoltaik ist in diesem Zusammenhang eine positive technologische Entwicklung und bietet bereits große Chancen.
Mit ihrem Wirken widerlegen Lucy D`Souza-Krone und Andreas Krone, dass die „jetzige Wirtschaft und Technologie alle Umweltprobleme lösen werde... dass die Probleme des Hungers und das Elend in der Welt sich einfach mit dem Wachstum des Marktes lösen werden."

Kein Wunder, dass diese grundsätzliche Enthüllung des technokratischen Paradigmas durch eine indische Künstlerin, durch diese „Feministin mit dem Pinsel" (Pfarrerin: Dr. Gudrun Löwner) weltweite Wirkungen ausgelöst hat.
Ebenso wenig verwunderlich ist es, dass sich neue Dimensionen des Denkens und neue Verpflichtungen zum Handeln auftun, wenn man sich einmal auf diese Verbindung von Kunst und Klima einlässt. Gedanken werden freigesetzt, die vorher weder bekannt waren, geschweige denn genutzt wurden.
Ein derartiges Erntedankfest ist damit weniger ein Jubeln über das Erreichte, als eine Verpflichtung dazu, diese so überzeugend geöffnete Tür mit der festen Überzeugung zum eigenen Handeln zu durchschreiten.

Einleitung

Wie kam ich auf die Idee von Solar-Erntedank?
Zurechtkommen mit dem, was vorhanden ist. Mit diesem Grundsatz bin ich aufgewachsen. Und das gilt nicht nur im Privaten, sondern auch für das große Ganze – was sich bis hin zu den Belastungsgrenzen unseres schönen blauen Planeten denken lässt. Meine Mutter hielt uns in den 1960iger Jahren immer an, das Licht auszuschalten, wenn es nicht gebraucht wurde, bei Telefonaten mit ihrer Schwester sagte sie dieser des Öfteren nicht so lange Ferngespräche zu führen, denn die waren damals teuer.
Und samstags gab es mittags die Reste der Woche als Suppe. Nicht dass meine Eltern arm waren, aber es war selbstverständlich sich einzuteilen, zurecht zu kommen mit dem, was zur Verfügung stand. Lebensmittel wurden nicht entsorgt, sondern rechtzeitig verbraucht.
Zurechtkommen mit dem was zur Verfügung steht. Dieser Grundsatz lässt sich auch für die Nutzung von Sonne und Wind anwenden, die reichlich vorhanden sind – statt immer weiter fossile Brennstoffe aus der Erde zu holen und damit unser aller Klima zu ruinieren.
Zurechtkommen mit dem was vorhanden ist, dieser Grundsatz gewann Jahre später ganz aktuelle Bedeutung als ich während der Ölkrise 1973/74 meinen Zivildienst in einem Altenheim in der Nähe von München absolvierte. Aufgrund ausbleibender Öllieferungen aus dem Nahen Osten und der Notwendigkeit mit der vorhandenen Energie auszukommen, wurden plötzlich die Flure im Altenheim nicht oder kaum noch geheizt, es war spürbar, dass der Verbrauch dem angepasst wurde was zur Verfügung stand.
Mit Energie sparsam umzugehen, das habe ich als Student auf meine Weise fortgesetzt indem ich im Theologischen Seminar der Universität Tübingen im Winter abends die Heizkörper runterdrehte und sogar die Stecker von den Fotokopiergeräten rauszog. Ein weiterer Schritt folgte in meinen ersten Jahren im Pfarramt als ich zu Erntedank auf den Zusammenhang von Ernte und Umweltschutz hinwies. Das trug mir aber erstaunlicher Weise teilweise Widerspruch ein.
Als Photovoltaik weitere 20 Jahre später allmählich aufkam, war diese Entwicklung auch auf manchen Dächern meiner Gemeinde zu bemerken. Da überlegte ich, wie diese sinnvolle und umweltfreundliche Art der Energiegewinnung gewürdigt und vorangebracht werden kann und was die Kirche, die Kirchengemeinde vor Ort, dazu betragen kann.

Auf dem Dach des Pfarrhauses das wir damals bewohnten, hatte der Vorgänger schon gegen manchen Vorbehalt aus dem Kirchenvorstand Solarthermie installieren lassen. So waren wir in der angenehmen Lage, diese Vorteile selber sinnlich zu erleben. Wir genossen es bei 10 Grad Frost ein heißes Bad nehmen zu können – mit dem durch die Kraft der Sonne aufgewärmtem Wasser. Diese Erfahrung trug dazu bei, der Sonnenkraft mehr Beachtung zu schenken. Ich fing an darüber nachzudenken, wie diese erstaunliche Wirkung von Solarthermie, bei 10 Grad minus draußen mit heißem Wasser im Haus baden zu können, hervorgehoben werden kann. Im Laufe dieses Prozesses wurde mir klar: die durch Solarthermie in heißes Wasser umgesetzte Sonnenkraft ist ein Geschenk der Sonne, ja Gottes an uns. Und da war der nächste Schritt nicht mehr weit. So wie uns die Natur z.B. Äpfel schenkt, die im Laufe des Sommers durch das Licht der Sonne wachsen und gedeihen, so schenkt uns die Sonne Licht und Wärme, die wir in heißes Wasser oder auch in Strom umsetzen können. In einem weiteren Schritt ergab sich dann: So wie wir einmal im Jahr für die Früchte der Natur in Gärten und Feldern danken, so könnten, ja sollten wir auch unseren Dank für die Energie zum Ausdruck bringen, die wir von der Sonne empfangen. Damit war der Gedanke von Solar- bzw. Energie-Erntedank geboren. Umso mehr als in jener Zeit mehr und mehr der Klimawandel zum allgemeinen Thema wurde.
So entstand der Gedanke, 2007 zu Erntedank auch die Ernte von Energie in den Blick zu nehmen. Zur Vorbereitung besuchte ich die Anlagenbetreiber und hörte teilweise Erstaunliches. Einer erzählte mir sogar, dass ihm sein eigener Installateur tatsächlich davon abgeraten hatte, denn das lohne sich nicht und er hielt wohl seinen Kunden, der dennoch darauf bestand, für ziemlich verrückt. Um so dankbarer waren aber die Anlagenbetreiber, dass ihr Handeln nun seitens der Kirchengemeinde anerkannt, ja gewürdigt und sogar als gutes Beispiel für den Ort hervorgehoben wurde.
Wie das im Einzelnen geschah, beschreibe ich später.
Das Projekt erfuhr gut ein Jahr später eine überraschende Fortsetzung. Denn die FEST, die Forschungsstätte der Evangelischen Studiengemeinschaft meldete sich bei mir aufgrund eines Hinweises unseres Umweltbeauftragten Dr. Hubert Meisinger. Man wolle das Projekt als ein Best-Practice-Beispiel auf der EKD-Synode 2009 in Bremen vorstellen.
Damit nicht genug. Es fand auch Eingang in die Ausstellung „Klima der Gerechtigkeit“ der VEM (Vereinten Evangelischen Mission).

Aufgrund dieser Resonanz präsentierte ich das Projekt auf mehreren Kirchentagen und Katholikentagen und bewarb mich auch mit Erfolg zur Teilnahme an der Vollversammlung des Ökumenischen Rates, die 2013 in Busan/Korea stattfand. Dort begegnete ich, begegneten wir - denn meine Frau zeigte dort als Malerin ihre Ausstellung „Kunst fürs Klima" - vielen Menschen. Insbesondere die Teilnehmer aus dem Süden waren an PV (Photovoltaik) interessiert, sahen dafür aber keine finanziellen Möglichkeiten. Daraufhin entwickelte ich das Projekt „Licht schenken statt verschwenden", um Haushalten ohne Stromanschluss zu einer Solarlampe zu verhelfen. Mehrere hundert Lampen konnten so vermittelt werden.
Auf der Vollversammlung erklärte ich einem Koreaner wie in Deutschland das Vergütungssystem für eingespeisten Sonnenstrom funktioniert.
Das EEG garantiert auf 20 Jahre eine gleichbleibende Vergütung für jede eingespeiste Kilowattstunde. Als der Koreaner das System verstanden hatte, da leuchten seine Augen und er rief erfreut aus:" Oh, you can even make money with that" (Oh, man kann damit sogar Geld verdienen!).
Damit sind wir beim finanziellen Aspekt, der für viele der wichtigste ist. Auch da sollte, ja muss der anfangs genannte Leitsatz gelten: Zurechtkommen mit dem was verfügbar ist. Das gilt nicht nur im Kleinen, sondern um so mehr noch für das große Ganze, den Planeten Erde insgesamt. Wir haben mit atemberaubendem Tempo die Grenzen der Belastbarkeit der Erde erreicht. Das betrifft das Artensterben, verschmutzte Flüsse und Meere, verunreinigte Böden und insbesondere auch die Atmosphäre. Diese ist zur Müllkippe für Kohlendioxid (C02) geworden, das in Unmengen freigesetzt wird durch das Verbrennen fossiler Brennstoffe.
So wie bisher können wir nicht weiter machen, wir haben zurecht zu kommen mit dem, was zur Energiegewinnung reichlich zur Verfügung steht: Sonne und Wind. Ansonsten drohen unermessliche finanzielle Schäden.
Der frühere Chef der Weltbank und einer der renommiertesten Ökonomen Europas, der englische Ökonom Sir Stern hat schon 2006 mahnend darauf hingewiesen, wenn wir nicht radikal umsteuern, „drohen der Menschheit durch die Erderwärmung Schäden in Höhe von bis zu einem Fünftel der jährlichen Wirtschaftsleistung".[1]

Baum des Fluches und des Segens

© Lucy D'Souza-Krone

„Wenn du auf die Stimme deines Gottes hörst …. wird der Ertrag deines Ackers gesegnet sein" (5. Mose 28,2+4, vgl. auch 3. Mose 26). Dann gibt es Wasser und blauen Himmel, Wein, Öl und Brot, um uns zu stärken und unser Herz zu erfreuen. Aber wenn wir nicht auf die Stimme Gottes und die Zeichen der Zeit hören, „wird die Erde wüst sein ihrer Bewohner wegen, um der Frucht ihrer Werke willen."

(Micha 7,13, siehe auch Jeremia 9,11-13)

In diesem Bild werden beide Möglichkeiten durch die fruchtbare und die verdorrende Seite des Baumes versinnbildlicht. Unser Verhalten heute entscheidet über Fluch und Segen auf diesem Planeten – ob der verdorrende Baum durch Erderwärmung Realität wird für zahlreiche Regionen der Welt.

Trotzdem gibt es immer noch Leute, die sagen PV lohnt sich nicht. Insbesondere Ältere meinen das angesichts langer Amortisationszeiten. Aber das ist ein Trugschluss in mehrfachem Sinne. Erstens bedeutet eine PV-Anlage eine Wertsteigerung des Gebäudes, zweitens sollte man einen größeren Zeithorizont haben als 3 oder 5 Jahre, drittens woher nimmt man sich eigentlich das Recht raus die Atmosphäre als kostenlose Müllhalde zu nutzen, ja zu ruinieren und damit viertens zukünftigen Generationen ein Leben wie wir es führen zu verwehren und ihnen stattdessen ein Klimachaos zu hinterlassen… Das ist ziemlich kurzsichtig und unverfroren. Auch dieser Tage begegnete mir jemand, der sagte, als sie 2017 bauten, sei das noch kein Thema gewesen. Wo leben die denn, fragt man sich. Solche Leute muss man schütteln, wachrütteln endlich das ihnen Mögliche zu tun.

Die gute Nachricht ist ja:
Wind und insbesondere PV sind inzwischen die günstigsten Formen der Stromerzeugung. Klaus Töpfer, der frühere Umweltminister und spätere Exekutivdirektor des Umweltprogramms der Vereinten Nationen sagte auf einem der Kirchentage: PV ist das Geschenk Deutschlands an die Welt. Durch das EEG wurde die Massenproduktion eingeleitet und die Kosten sind bis zu 90% gesunken und damit ist PV weithin konkurrenzlos günstig geworden. Ich kann das anhand unserer eigenen PV-Anlage verdeutlichen, die wir für ca. 20.000 Euro gekauft haben, mit der wir etwa 10.000 kWh pro Jahr erzeugen. Davon verbrauchen wir selber ca. 2500 und speisen den Überschuss, 7500 kWh ins Netz ein und bekommen dafür pro Jahr etwa 800 Euro. Allein damit sind innerhalb von 20 Jahren die meisten der Investitionskosten gedeckt, zudem haben wir unseren eigenen Strom gratis, den wir sonst teuer für ca. 750 Euro pro Jahr kaufen müssten und machen damit unter dem Strich einen guten Gewinn von ca. 11000 Euro! Wer mehr vom eigenen Strom verbraucht, für den ist die Rechnung noch günstiger.

Schon gewusst?
Deutschland könnte seinen gesamten Strombedarf durch PV auf den in Fragen kommenden Dächern decken. Im 18. Jahrhundert hat in Deutschland die Einführung des flächendeckenden Anbaus der Kartoffel Jahrzehnte gedauert und bedurfte zur Durchsetzung eines königlichen Dekrets. Friedrich der Große „schrieb den Bauern schließlich per Gesetz vor, auf einem Zehntel ihres Ackerlandes Kartoffeln anzubauen, um so die wieder-

kehrenden Hungersnöte im Land zu bekämpfen."[2] Auf diese Weise konnte der Hunger in Deutschland beendet werden. Um den Energiehunger heutzutage zu decken, brauchen wir massenhaft PV, können nicht noch Jahre ins Land gehen lassen. Dazu können u.a. folgende Dinge beitragen: durch Steuern steuern. Das geschieht noch viel zu wenig, denn fossile Brennstoffe werden noch immer massiv unterstützt, mit sage und scheibe 70 Milliarden Euro pro Jahr. „Deutschland gibt jährlich 70 Milliarden Euro an Steuergeldern aus, um fossile statt erneuerbare Energien zu fördern.
Laut dem Internationalen Währungsfonds (IWF) sind die Subventionen für fossile Energieträger in Deutschland mit 1,9 Prozent der Wirtschaftsleistung immer noch untragbar hoch. Dies entspricht 70 Milliarden Euro pro Jahr, wie das Deutsche Institut für Wirtschaft (DIW) kürzlich in einem Beitrag beschrieben hat."[3]

Zudem ist das Bewusstsein für Sonne und Wind als gute Gaben Gottes zur Erzeugung regenerativer Energie verstärkt zu entwickeln. Dazu will diese Schrift einen Beitrag leisten, indem praktisch anwendbare Beispiele gegeben werden, die zur Nachahmung und eigener kreativer Weiterentwicklung einladen. Schon Kinder sollten an das Thema herangeführt werden, indem ihnen spielerisch solare Bildung vermittelt wird. Denn die werden in Zukunft als Solarinstallateure, Sonnentechniker etc. das anbrechende Solarzeitalter in all seinen vielen Facetten umsetzen.

Die Kirchen, ja überhaupt religiöse Gemeinschaften können diesen Schritt ins Solarzeitalter unterstützen, indem sie Aktionen und liturgische Formen für Feste entwickeln, die den Segen von Sonne und Wind in aller Öffentlichkeit würdigen und den Dank für die Ernte regenerativer Energien vor Gott bringen.

Hinweis zur Verwendung der Begriffe Solar-Erntedank und Energie-Erntedank

Für Solarthermie (Erzeugung von Warmwasser) und Photovoltaik (Gewinnung von elektrischem Strom) hat sich inzwischen die zusammenfassende Bezeichnung Solarenergie eingebürgert. Die Zahl der Solaranlagen ist in den letzten Jahren enorm angestiegen. Inzwischen werden gut 12% des deutschen Stroms mittels PV erzeugt, das sind rund 50% des Stroms der von privaten Haushalten verbraucht wird (die haben einen Anteil von etwa 25% am Gesamtstromverbrauch in Deutschland).
Der meiste Solarstrom wird auf privaten Dächern produziert.

D.h. die Erzeugung von Solarenergie ist zu einem Massenphänomen geworden, Millionen von Menschen sind schon jetzt daran beteiligt. Daher ist es gerechtfertigt, die Sonnenernte eigens zu würdigen. Bei der Energieernte durch Wind und Wasser sieht es anders aus. Windparks und Staudämme werden selten von Einzelnen errichtet und kleine Windräder auf Dächern sind nach wie vor eine Seltenheit. Daher ist es besser und präziser, von Solar-Erntedank statt von Energie-Erntedank zu sprechen, wie ich das in den ersten Jahren tat.
Der Begriff Energie-Erntedank taucht im Folgenden nur in den alten Texten auf, um den Werdegang der Idee darzustellen, die Sonnenernte in den Blick zu nehmen und dafür zu danken.

Solar-Erntedank, Entstehungsgeschichte

Solar-Erntedank bzw. Energie-Erntedank

Als Pfarrer war ich für die Gestaltung von Gottesdiensten verantwortlich, hatte freie Bahn, brauchte mich nicht vorab mit irgendwelchen Gremien abzusprechen. Das war ein klarer Vorteil, denn oft stoßen neue, frische Ideen auf Vorbehalte, werden auf ein Minimum reduziert.
Das war zu der Zeit im dortigen Kirchenvorstand allerdings nicht der Fall. Aber dennoch war es gut und erleichterte die Arbeit, dass ich allein die Verantwortung trug Erntedankgottesdienst zu gestalten.
Die Vorbereitung war nicht einfach und manch einer, auch aus dem Kirchenvorstand half mir die Solaranlagen in den beiden Dörfern ausfindig zu machen. Denn die waren auf den Dächern nicht immer leicht zu sehen und manch Betreiber war schwer ausfindig zu machen.
Eine gute Darstellung des Projektes gibt der Bericht der FEST, der für die EKD-Synode 2009 in Bremen verfasst wurde, auf der das Projekt als ein Best-Practice-Beispiel vorgestellt wurde.

Erntedank als Energie-Erntedank – Evangelische Kirchengemeinde Esch und Reinborn

Um was geht es? / Wie ist das Projekt zustande gekommen?

Im Herbst 2007 wurde von Pfarrer Andreas Krone der Evangelischen Kirchengemeinde Esch und Reinborn in Waldems im Rheingau-Taunus-Kreis der so genannte Energie-Erntedank ins Leben gerufen. Dazu wurden Gemeindemitglieder angeschrieben und gebeten, die gewonnen Menge an Energie der letzten 12 Monate zu melden, die ihre installierten Photovoltaikanlagen aus der Sonne für die Warmwasserversorgung beziehungsweise zur Stromerzeugung geliefert haben. In einem Gottesdienst zum Erntedank wurde dieses Engagement dann entsprechend vorgestellt und die Eigentümer als „Waldemser-Klimafreunde“ in Form von Urkunden gewürdigt. Der traditionelle Gedanke des Erntedanks, der sich auf die Gaben aus Feldern und Gärten bezieht, wurde erweitert auf Energie, die die Menschen aus Wasser, Sonne und Wind ernten können. Daher wurde im Gottesdienst auch ein symbolischer Sonnenkollektor aufgestellt. Nach den Worten von Pfarrer Andreas Krone ist „Erntedank der beste Termin, für all die Gaben zu danken, mit denen wir auf unserem schönen blauen Planeten gesegnet sind.“ Im Rahmen des Energie-Erntedanks wurde zudem eine Podiumsdiskussion mit politischen Verantwortungsträgern, Umweltschützern und Kirchenvertretern zum Thema: „Klimafreundliche Energieerzeugung und -nutzung“ veranstaltet. Der gemeinsamen Einladung der Waldemser Kirchengemeinden folgten unter anderem der Landrat, der Bürgermeister, ein Vertreter des örtlichen NABU sowie Dr. Meisinger, der Referent für Umweltfragen im Zentrum Gesellschaftliche Verantwortung der Evangelischen Kirche in Hessen und Nassau. Durch die Veranstaltung sollte eine verstärkte Nutzung von regenerativen Energien auf lokaler und regionaler Ebene angeregt werden, in dem auch deutlich gemacht wurde, dass man auf der Erde mit Sonne, Wind, Wasser und Biomasse ausreichend Energie erzeugen kann, ohne dass dadurch das Klima geschädigt wird.

Ergebnisse

Die Waldemser Gemeinden sind mittlerweile auch in der Solarbundesliga aktiv. Hier werden die in den politischen Gemeinden insgesamt erzeugten Mengen an Solarwärme und Solarstrom in einem Ranking, gestaffelt nach Einwohnerzahl, aufgelistet. Die Ergebnisse dieser Solarliga mit Städten und Gemeinden aus ganz Deutschland sind im Internet unter *www.solarbundesliga.de* abrufbar. Die Waldemser Gemeinden sind unter *www.solarbundesliga.de/?content=ortsteil_suche&ortsteil=waldems* zu finden. Der „Energie-Erntedank" soll von 2008 bis 2010 nach Möglichkeit in vielen Kirchengemeinden in ganz Deutschland gefeiert werden. Dadurch kann ein Beitrag zur schnellen Verbreitung klimafreundlicher Energieerzeugung und -nutzung geleistet werden.

Ich füge ergänzend noch einiges Material an. Zunächst das Anschreiben an alle im Ort, die eine Solaranlage auf dem Dach hatten. Darauf folgt die im Gottesdienst gehaltene Predigt und dann das Würdigungsscheiben, das jedem Analgenbetreiber als Klimafreund des Ortes am Ende des Gottesdienstes überreicht wurde.

Anschreiben an alle, die eine Solaranlage auf dem Dach haben

Liebe

Sie nutzen die Sonne zur Warmwasserversorgung bzw. Stromerzeugung. Dafür möchte ich Ihnen heute als Pfarrer der Ev. Kirchengemeinden Esch und Reinborn ausdrücklich danken.

In Zeiten, in denen alle über das Klima reden, haben Sie die Initiative ergriffen und sind mit gutem Beispiel vorangegangen.
Das, was Sie von der Sonne als Energie ernten, kommt nicht nur Ihnen zugute, sondern entlastet die Umwelt und kommt damit uns allen zugute.

Ich denke, die Zeit ist reif, solches Engagement zu würdigen.
Das wollen wir als Ev. Kirchengemeinde dieses Jahr zu Erntedank tun, am Sonntag, dem 30. September um 10.30 Uhr in der Escher Kirche.

Erntedank ist meines Erachtens der beste Termin für all die Gaben zu danken, mit denen wir auf unserem schönen blauen Planeten gesegnet sind.

Traditionell richtet sich zu Erntedank der Blick auf das, was auf Feldern und in Gärten gewachsen ist. Aber ich denke, es ist heutzutage richtig, den Blick auch auf das zu richten, was wir von Wasser, Wind und Sonne an Energie ernten können.

Ich verbinde mein Dankschreiben an Sie daher mit der Bitte, mich wissen zu lassen, wie viel Energie Sie mit Ihrer Anlage in den letzten 12 Monaten schätzungsweise haben ernten können, da es dieses Jahr zu Erntedank vor allem um die Energieernte von Wasser, Wind und Sonne gehen wird, zu der sie mit Ihrer Anlage auf dem Dach beigetragen haben.

Dafür noch einmal herzlichen Dank und die Einladung, beim diesjährigen Energieerntedankfest mit dabei zu sein. Dort soll Ihnen eine Anerkennung als Waldemser Klimafreund zuteilwerden.

Mit freundlichem Gruß

Andreas Krone, Pfr.

P.S.: Hinweisen möchte ich noch auf die Veranstaltung mit Landrat Burghard Albers, Bürgermeister Werner Scherf, Josef Hartmann als Vertreter des NABU und Dr. Hubert Meisinger, dem Umweltbeauftragten der Evangelischen Kirche in Hessen und Nassau zum Thema „Klimafreundliche Energieerzeugung und Nutzung“.
Dazu laden alle Kirchengemeinden von Waldems gemeinsam ein: Montag, den 1. Oktober um 20.00 Uhr im ev. Gemeindehaus in Esch.

Predigt zu Energie- Mose 8,22

Saat und Ernte, Sommer und Winter, solange die Erde steht.
Eigentlich sind das Selbstverständlichkeiten für uns.
Aber Sommer hatten wir dieses Jahr schon im April, Überschwemmungen gab es, wo sonst kaum ein Tropen Regen in der Wüste fällt, Dürre dagegen in den Regenwäldern. Das zeigt: Die Rhythmen der Natur sind nicht mehr selbstverständlich. Wir rütteln mit unserer komfortablen Lebensweise an den Selbstverständlichkeiten, ja an den Grundfesten der Erde. Zunehmende Wetterkapriolen, Wirbelstürme, abschmelzende Polkappen, aufgeheizte Meere, Haie im Mittelmeer, Malariamücken im Rheintal, die Zeitungen sind dieser Tage voll an Beispielen, was uns in der Zukunft noch erwarten kann. Die Zeichen der Zeit weisen darauf, dass der Traum vom zivilisierten, guten Leben umschlagen kann ins Gegenteil.
Der Traum droht zum Albtraum zu werden. Wenn nicht für unsere Generation, so für die nächste und die kommenden Generationen.
Wollen, dürfen wir so ein Erbe hinterlassen?
Manche sagen immer noch: Halb so schlimm. Klimaschwankungen hat es auch in der Vergangenheit gegeben. Was soll schon werden, wenn sich die Erde um ein paar Grad weiter erwärmt.
Ehrlich gesagt: Ich habe bis vor kurzem selber so gedacht.
Die 2, 4 oder 5 Grad Celsius mehr auf der Erde, die werden schon nicht so schlimm sein. Dann gibt es ein paar heiße Sommertage mehr und im Winter braucht man nicht mehr so viel zu heizen. In der Skala von 0 bis 100 sind 2, 4 oder auch 6 Grad ein im Grunde vernachlässigbarer Faktor.
Aber genau das ist der Denkfehler, das ist grundlegend verkehrt gedacht.
Die Durchschnittstemperatur z. B. von uns Menschen beträgt 36 Grad.
2 oder 4 Grad mehr bedeuten Fieber und bei 6 Grad mehr ist der Mensch akut gefährdet.
Die Durchschnittstemperatur der Erde beträgt aber nur 15 Grad.
Eine Erwärmung um 2 Grad bedeutet einen Temperaturanstieg von über 13%, bei 4 Grad wären es schon über 26%. Wir würden bei einem Menschen, dessen Temperatur um 20% von 36 auf über 43 Grad steigt schon längst den Notarzt gerufen haben. Die Erde hat schon heute erhöhte Temperatur und wenn die Fieberkurve weiter ansteigt, dann kriegen wir die Folgen drastisch zu spüren. Lange wurden jene, die sich um die Bewahrung der Erde bemühen, belächelt. Die Erde ist strapazierbar heißt es.

Ja, das ist sie auch. Aber auch das hat seine Grenzen.
Wissen Sie wer inzwischen umdenkt?
In der Wirtschaft ist es eine Branche, von der es die allermeisten nicht annehmen, weil dort ganz kühle Rechner sitzen. Die Finanz- und vor allem die Versicherungsbranche denkt um. Die mögliche Zerstörung unserer natürlichen Lebensgrundlagen hat unbezahlbare Dimensionen, auch finanziell.
Ein kleines Beispiel zur Veranschaulichung. Vor einigen Monaten hat in der Londoner City eine Anleihe für Aufsehen gesorgt.
Herausgegeben wurde sie vom Allianzkonzern. Die Käufer dieser Anleihe bekommen eine gute, eine überdurchschnittliche Rendite –
unter einer Bedingung.
Dass die Londoner City, wo all die Banken und Finanzinstitute sitzen, in der nächsten Zeit nicht durch eine Flutkatastrophe überschwemmt wird.
Denn das wäre selbst für einen Konzern wie die Allianz unbezahlbar.
Man mag darüber staunen, dass für so einen hypothetischen Fall eine überdurchschnittliche Rendite gezahlt wird.
Aber es zeigt: Bei denen, die rechnen können, vor allem bei denen, die über Quartalsergebnisse hinaus rechnen können, ist die Gefährdung durch Klimaveränderung schon längst angekommen.
Es ist Zeit, dass immer mehr Menschen begreifen: Wenn wir so weiterleben wie bisher gehen wir dem globalen Klimakollaps entgegen.
Neulich war zu lesen: Das Klima ist eine wütende Bestie und wir reizen sie mit dem Stock. Wir müssen umsteuern, um auf dieser Welt als Gattung Mensch auf Dauer existieren zu können.
Umsteuern im Großen und hier vor Ort bei uns.
Darum habe ich dieses Jahr all diejenigen besonders eingeladen, die aus eigener Initiative angefangen haben, einen Beitrag zu leisten, Energie umweltfreundlich zu gewinnen, Menschen, die eine Anlage auf ihrem Hausdach haben, um Strom oder Warmwasser von der Sonne zu gewinnen.
Manch einer mag fragen:
Was hat das aber mit Erntedank zu tun? Nun, traditionell richtet sich der Blick auf das, was auf Feldern und Gärten gewachsen ist.
Aber es ist m. E. höchste Zeit, den Blick auch auf das zu richten, was wir von Wasser, Wind und Sonne an Energie ernten können und dies auch als Segen zu begreifen. Wir dürfen an diesen Möglichkeiten nicht länger blind vorübergehen.

Zur Veranschaulichung habe ich dieses Solarmodul ausgeliehen, mit dem Strom erzeugt werden kann. Ein Hausbesitzer hat mir von seinen Schwierigkeiten erzählt, eine Anlage für Warmwasser aufs Dach setzen zu lassen. Vor 5 Jahren bekam er von seiner Heizungsfirma zu hören: Das lohnt sich nicht, machen Sie das nicht. Statt aufzugeben, hat sich der Hausbesitzer einen anderen Installateur gesucht und ist seit 5 Jahren mit seiner Anlage sehr zufrieden.

Heute will ich ermutigen und all denen meine Anerkennung aussprechen, die schon frühzeitig gegen alle Bedenken und Widerstände ein Beispiel gegeben haben und damit richtungweisend geworden sind.

Natürlich weiß ich, dass eine einzelne Solaranlage mit 5 oder 10 qm auf dem Dach die Welt nicht rettet. Aber immerhin gibt es inzwischen 23 Anlagen in Esch und 14 in Niederems/Reinborn. Der Anteil an Solarstrom beträgt in Deutschland zurzeit 0,3 %. Wenn alle in Betracht kommenden Dachflächen in Deutschland genutzt werden, könnten die etwa 20-25% des benötigten Stroms liefern.[4]

Das lohnt sich aber finanziell nicht, hört man dann immer wieder.

Ich habe einen Steuerberater befragt, der sagte auch: Das lohnt sich nicht. Woanders kriegt man mehr Rendite, lautete die Begründung.

Kurzfristig gedacht hat er da wohl Recht. Aber derselbe Steuerberater sagte einen Moment später: „Wenn die Chinesen und alle anderen auf der Welt anfangen wie wir zu leben, dann werden wir in spätestens 50 Jahren alle hops sein."

Nun, da lohnt es doch noch einmal neu zu überlegen, was sich eigentlich lohnt und rechnet. Die Finanzprofis von den großen Versicherungskonzernen haben wie gesagt inzwischen umgedacht und haben sich für eine langfristige Perspektive entschieden. Alles andere lohnt sich eben auf Dauer nicht. Es lohnt sich wirklich darüber nachzudenken, was sich wirklich lohnt.

Wir dürfen aus kurzfristigen Erwägungen heraus die Fieberkurve der Erde nicht weiter ansteigen lassen. Wir müssen dem Klimakollaps wehren. Dazu ist jeder kleine Schritt gut.

Denn uns Menschen ist ein einzigartiger Planet anvertraut, ein Planet angefüllt mit allem, was es zum Leben braucht. Seit 400 Generationen, so sagen die Klimaforscher, leben wir in einem Klima des ewigen Frühlings. Uns umgeben Witterungsbedingungen, die menschliches Leben in der uns vertrauten Form möglich sein lassen, mit Sommer und Winter, Saat und Ernte.

Wenn wir aber die natürlichen Rhythmen der Erde durcheinanderbringen, dann werden wir nicht mehr in gewohntem Umfang säen und ernten können. Wussten sie, dass es zur letzten Eiszeit vor 10.000 Jahren nur 4 Grad kälter war als heute, aber die Gletscher aus Skandinavien bis nach Hamburg reichten?
Das zeigt: Das Klima ist eine ganz sensible Angelegenheit. 4 Grad weniger bedeutet Eiszeit, 4 Grad mehr als heute bedeutet Überhitzung.
Wenn die Erde Fieber bekommt, werden wir nicht mehr Erntedank in der uns vertrauten Form mit Korn und Früchten feiern können.
Wir werden stattdessen ernten, was wir in unserer Unvernunft gesät haben: Unwetter, Missernten, Dürre und Überflutung. Statt Erntedank werden wir dann wenig zu danken und nicht genug zu beißen haben.
So weit darf es nicht kommen. Darum habe ich dieses Jahr zu Erntedank diejenigen eingeladen, die angefangen haben dem entgegenwirken mit einer Anlage auf dem Dach, um Energie zu ernten.
Darum will ich sie als Klimafreunde von Waldems auszeichnen.
Ich hoffe, dass die Zahl der Freunde für das Klima in den nächsten Jahren immer größer wird.
Die Erde zu bewahren, das lohnt sich allemal - schon für diese Generation und für die, die nach uns kommen, erst recht.
Solange die Erde steht - Sommer und Winter, Saat und Ernte!!!
An diesen Grundfesten darf nicht gerüttelt werden.

Text, der im Energie-Erntedankgottesdienst denjenigen überreicht wurde, die eine entsprechende Anlage auf dem Dach haben

Gesegnet vom Herrn ist das Land…. mit dem…, was die Sonne hervorbringt.“ (5. Buch Mose 33, Vers 14)

Hiermit danke ich Ihnen für Ihren Beitrag

zu einer klimafreundlichen

Energieerzeugung

und zähle Sie zu den

Waldemser Klimafreunden

Mit Dank und Anerkennung

Waldems, 30.9.2007

Pfarrer Andreas Krone

„Ein Ofen erhitzt…, aber dreimal mehr erhitzt die Sonne…, sie verbreitet Gluthauch und gibt hellen Glanz von sich…. Groß ist der Herr, der sie gemacht hat.“
(Aus der Bibel, Buch Sirach 43, Verse 4 und 5)

Einige Jahre später gestaltete ich in anderen Gemeinden auch Energie-Erntedank. Dazu hier ein entsprechender Zeitungsartikel.[5]

Dienstag, 27. September 2011 — Rosbach v. d. H. · Niddatal · Wöllstadt

»Kaichen ist jetzt in der Solar-Bundesliga«

Pfarrer Andreas Krone feiert Energie-Erntedankfest – Anzeige für Fotovoltaikanlage im Gemeindehaus eingeweiht

Niddatal-Kaichen (udo). Seit dem Antritt von Pfarrer Andreas Krone hat sich in Kaichen einiges geändert: Diesmal wurde das Erntedankfest der evangelischen Kirchengemeinde zugleich als Energie-Erntedank gefeiert. Pfarrer Krone sprach nicht nur über das, was von den Äckern und in den Gärten geerntet wird, sondern auch über die Energie, die durch Wasser, Wind und Sonne zu gewinnen ist. Nach dem Gottesdienst wurde im Gemeindehaus eine Anzeigetafel für die Fotovoltaikanlage eingeweiht.

Links: Jan-Otto Weber dirigierte die Eintracht vor dem Früchte-Mandala. Rechts: Kirchenvorsteher Karlfried Faulstich, Bürgermeister Dr. Bernhard Hertel, Präses Tobias Utter, Helmut Fladda von der Landeskirche und Pfarrer Andreas Krone (v. l.) enthüllen das Solar-Display im Gemeindehaus-Foyer.

Heinz Fink leitete vor dem Gottesdienst als Ehrenvorsitzender des gemischten Eintracht-Chors das Einsingen, bis Vizedirigent Jan-Otto Weber eintraf, der außerdem als Organist wirkte. Helmut Fladda war als Repräsentant der Landeskirche gekommen und unterstützte die Gemeinde von der Orgelempore herunter an der Trompete. Vor der Altar war ein kreisförmiges Mandala aus Früchten, Gemüse und einer Kerze aufgebaut und dahinter der Erntealtar.

Nach Webers Orgelvorspiel sang die Eintracht über den Schutz, der den Menschen durch Gott zuteil werde. Die von der Gemeinde intonierten Lieder widmeten sich dem Säen und Ernten. Die von Tanja Martin und Jennifer Heppner geleitete Kindergottesdienstgruppe ergänzte das Mandala mit Ahorn- und Kastanienblättern und trug das Lied »Lasst uns miteinander« vor. Die Lesung aus Moses galt der Verheißung des Landes, in dem Ölbäume gedeihen und Honig geerntet wird. Pfarrer Krone predigte über die Jahreszeiten und das Säen und Ernten: »Aber die Rhythmen der Natur sind nicht mehr selbstverständlich.« Der Traum vom guten Leben drohe zum Albtraum zu werden, denn die Erderwärmung könne unabsehbare Folgen haben: »Lange Zeit wurden diejenigen belächelt, die sich um die Bewahrung der Schöpfung bemüht haben.« Die Versicherungsbranche indes habe längst begriffen, was kommen werde. Dabei koste die Klimazerstörung zehnmal mehr als der Klimaschutz. Doch vermittele die Energieernte Hoffnung und sei ein Segen. Wer diese »Energiequelle von oben« einsetze, der verdiene Anerkennung und Unterstützung: »Aber wenn wir die natürlichen Rhythmen durcheinanderbringen, werden wir nicht wie bisher säen und ernten können.« Schon das Absinken der Durchschnittstemperatur um vier Grad bedeute Eiszeit, vier Grad mehr bereits Überhitzung.

Die Gemeinde sang »Wind des Lebens« zur Melodie von »Wind of Change«, dann dankte Pfarrer Krone den Kaichenern, die bereits Solaranlagen auf ihren Dächern errichtet haben, überreichte ihnen eine Urkunde und ernannte sie zu »Kaichener Klimafreunden«. Kaichen spiele damit bereits in der »Solar-Bundesliga« mit (derzeit Platz 270).

Seit Juni arbeitet auf den Dächern des evangelischen Pfarr- sowie des Gemeindehauses eine Solaranlage. Die Flächen für die Anlage wurden verpachtet. Um die Energiegewinnung anschaulich zu machen, wurde kürzlich im Foyer ein Solardisplay installiert, das von außen abgelesen werden kann. Es wurde von Helmut Fladda, Präses Tobias Utter und von Bürgermeister Dr. Bernhard Hertel nach dem Gottesdienst enthüllt.

Der Landfrauenverein hatte Kartoffel- und Kürbissuppe vorbereitet, der Kirchenvorstand Kuchen.

Außer dem Solardisplay konnten im Solarpark vor dem Gemeindehaus ein Solarhandy, ein -kochtopf und ein -backofen begutachtet werden. Auch die Solardusche durfte getestet werden – stieß aber auf wenig Gegenliebe. Pfarrer Krone: »Wir suchen immer noch Freiwillige!«

Helmut Fladda (l.) ist als Vertreter der Landeskirche mit Ehrenbürgermeister Wilfried Martin (3. v. r.) einer der »Kaichener Klimafreunde«, denen Pfarrer Andreas Krone gratuliert. (Fotos: udo)

Energie-Erntedank 2013 in Runkel-Steeden

Als allgemeine Zusammenfassung nenne ich hier die vier Schritte, die zu einem Erntedankgottesdienst als Solar-Erntedank führen:

Energie-Erntedank

Von Sonne, Wind und Wasser Energie ernten und dafür danken

1. Schritt Feststellen, wer im Ort eine Anlage auf dem Dach hat, mit der Solarstrom oder Warmwasser erzeugt wird.

2. Schritt Die Betreffenden anschreiben mit der Bitte mitzuteilen, wie viel Energie sie innerhalb des letzten Jahres „ernten“ konnten. Zugleich wird zum Erntedankgottesdienst als Energie-Erntedankfest eingeladen.

3. Schritt Im Erntedankgottesdienst einen Sonnenkollektor aufstellen und damit den Blick über das traditionelle Erntedankfest hinaus weiten auf das, was an Energie von Wasser, Wind und Sonne vor Ort „geerntet“ werden konnte. Diejenigen, die schon entsprechende Anlagen haben, werden gewürdigt und erhalten zur Anerkennung ein Schreiben, in dem sie als Klimafreunde des Ortes bezeichnet werden.

4. Schritt Kurz darauf eine Podiumsdiskussion mit politischen Verantwortungsträgern, Umweltschützern und Kirchenvertretern zum Thema: „Klimafreundliche Energieerzeugung und -nutzung“ veranstalten.

Damit soll das Bewusstsein dafür gefördert werden, dass wir auf unserem blauen Planeten mit Energie gesegnet sind, da wir von Sonne, Wind, Wasser und Biomasse reichlich Energie ernten können, ohne das Klima zu gefährden.

Energie-Erntedank – Prima für das Klima

Solar-Erntedank weltweit

Als ich im Jahr 2007 das Projekt Energie-Erntedank als Gemeindepfarrer in einem kleinen Dorf am Rande des Taunus und Rhein-Main Gebietes durchführte, hätte ich mir nicht vorstellen können, dass dieses Projekt eine derartige Resonanz finden, auf Kirchentagen, Katholikentagen, auf einer EKD-Synode vertreten und auch Bestandteil einer Ausstellung der VEM (Vereinte Evangelische Mission) sein würde.
Das spornte mich an und ich beschloss es zu wagen, mich damit um die Teilnahme an der Vollversammlung des Ökumenischen Rates zu bewerben, die allerdings fern von Europa, in Busan/Korea abgehalten werden sollte. Zu meiner Überraschung und Freude erhielt ich genauso wie meine Frau als Malerin eine Zusage dort auszustellen. Daraufhin wendete ich mich wie folgt an den Umweltbeauftragten und meine Kirchenleitung:

Mein Schreiben an die Kirchenleitung der EKHN
„…heute melde ich mich mit einem Vorhaben, das die ökumenische Vollversammlung in Korea 2013 betrifft.
Wir, d.h. meine Frau und ich, werden dort beide mitwirken. Meine Frau Lucy D'Souza-Krone mit ihrer Ausstellung „Kunst fürs Klima", und ich werde das von mir entwickelte Projekt Energie-Erntedank vorstellen, das auf Deinen Vorschlag, Hubert, über die FEST/Heidelberg schon bei der EKD Synode und auf mehreren Kirchentagen vorgestellt wurde.

Seit der Zusage, die wir letzte Woche aus Genf erhielten, überlege ich wie Energie-Erntedank eingeführt werden kann – weltweit! Dies ist mein Ziel und mein Anliegen und der Aufgabe von Kirche heutzutage angemessen. … Für die Vollversammlung in Korea ist das Projekt Energieerntedank sicherlich auch interessant, weil es aus Deutschland und damit aus dem Land kommt, das weltweit mit der Energiewende Schlagzeilen macht. Zudem wird anschaulich vor Augen gestellt, dass Kirche dazu sehr spezifisch etwas beitragen kann: Die Würdigung und die Ermutigung Energie zu ernten. Das trägt zum dringend erforderlichen Bewusstseinswandel bei.
Eine Unterstützung durch die Heimatkirche EKHN ist durchaus wichtig, um die Delegierten in Busan zu veranlassen bei sich zu Hause entsprechende Schritte zu unternehmen und den Menschen zu zeigen, dass wir - auch als Kirche - regenerative Energien voranbringen können und deren Nutzung zudem nicht nur unter technisch-wissenschaftlichem Aspekt zu begreifen ist."

Schon im April bekam ich von unserem Kirchenpräsidenten folgendes Grußwort für die Teilnahme in Busan:

Grußwort

des Kirchenpräsidenten der
Evangelischen Kirche in Hessen und Nassau

Pfarrer Dr. Volker Jung April 2013

Lieber Pfarrer Andreas Krone,

gerne komme ich Ihrer Anfrage nach einem kurzen Grußwort für Ihr Projekt „Energie-Erntedank" nach.

Ausgesprochen kreativ haben Sie sich Gedanken gemacht, wie sich die Energiewende auch innerkirchlich sichtbar vollziehen kann – nicht nur durch Energiesparprogramme, sondern auch in spiritueller Hinsicht. Sie fokussieren dabei das Erntedankfest auf einen Dank für regenerative Energien, die wir beispielsweise durch die Sonne kostenlos täglich zugesandt bekommen und über Photovoltaikanlagen ernten können.

Dies ist ein bedenkenswerter Aspekt des Erntedankfestes, das ja in vielen unterschiedlichen Formen gefeiert wird und uns Menschen ein neues Bewusstsein für die Schöpfung Gottes vermitteln will.

Dieses Anliegen nimmt auch die von der Arbeitsgemeinschaft Christlicher Kirchen (ACK) in Deutschland proklamierte „Schöpfungszeit" vom 1. September bis 4. Oktober eines jeden Jahres in den Blick. Gesellschaftspolitisch wirkt die Kirche auf nachhaltige und damit zukunftsfähige Entwicklungen hin, innerkirchlich spiegelt sich dieses Engagement beispielsweise im Erstellen und Umsetzen eines Integrierten Klimaschutzkonzeptes.

Im Rahmen dieser übergreifenden Kontexte wünsche ich Ihrem Projekt – verbunden mit der Ausstellung „Kunst fürs Klima" Ihrer Frau – sowohl auf dem Evangelischen Kirchentag in Hamburg im Mai 2013 als auch auf der Vollversammlung des Ökumenischen Rates in Busan/Südkorea im Herbst 2013 viel Erfolg und Gottes Segen.

Mit den besten Wünschen verbleibe ich

Ihr

Dr. Volker Jung

Unser Aufruf im Internet

In einem weiteren Schritt stellte ich auf unsere Homepage www.lucy-art.de folgenden Aufruf, den wir bei Ausstellungen der Gemäldereihe „Kunst fürs Klima“ zum Unterschreiben aushingen:

Es ist Zeit bei Ernte nicht nur an Obst und Getreide zu denken, sondern den Blick auch darauf zu richten, was wir von Wasser, Wind und Sonne an Energie ernten können.

Aufruf

Die Energie ist da.
Gott sei Dank.
Energie-Erntedank feiern - weltweit!

Wir rufen dazu auf die regenerativen Energien verstärkt zu nutzen. Von Sonne, Wind, Wasser und Biomasse kann Energie in Hülle und Fülle geerntet werden.

Wir appellieren an die Kirchen und insbesondere an ihre Leiter den Dank für die unerschöpflichen regenerativen Energien ausdrücklich zum Thema zu machen. Wir unterstützen den Vorschlag weltweit Energie-Erntedank zu feiern - als ein Fest, das Kulturen, Religionen, Völker, Länder und Kontinente verbindet. Das ist ein Beitrag für eine im 21. Jahrhundert zu entwickelnde Klimakultur im globalen Maßstab.

Wir rufen zugleich die politisch Verantwortlichen dazu auf, entsprechende Bedingungen zu schaffen, damit der Umstieg auf erneuerbare Energie möglichst rasch vollzogen wird.

Andreas Krone, Lucy D'Souza-Krone

Solar-Erntedank weltweit

Den Gedanken Solar-Erntedank weltweit zu feiern untermauerte ich wie folgt:

Solar-Erntedank kann überall und von jedermann auf der Erde gefeiert werden – als weltweit Kulturen und Religionen verbindende Dankfeste für die aller Welt verfügbaren erneuerbaren Energien.

In vielen alten Kulturen spielt die Sonne eine wichtige, ja die entscheidende Rolle. So z.B. in Ägypten, in China, Indien oder bei den Inkas. Sie lebten mit und von der Sonne. Denn die Sonne ist Energie- und Lebensmotor.

Dabei ist die materielle Dimension der Sonne mit der geistigen Dimension verknüpft. In der chr. Tradition ist die aufgehende Morgensonne ein Symbol für den auferstandenen Christus. Daher könnte das Sonnensymbol für den auferstandenen Christus in dem heraufziehenden Solarzeitalter ganz aktuell und anschaulich an Bedeutung gewinnen. Die Kirchen sollten da mit ihren Pfunden wuchern indem sie eine Verknüpfung der aufgehenden Sonne als Symbol für den Auferstandenen mit dem anbrechenden Solarzeitalter herstellen.

Dies kann auch architektonisch an ihren Gebäuden sichtbar zum Ausdruck gebracht werden durch die Installation von PV Modulen z.B. in Kreuzform samt aufgehender Sonne an einer der Kirchenwände, am besten oberhalb des Haupteingangs.

Solar-Erntedank kann einerseits in Aufnahme kultureller und religiöser Traditionen gefeiert und zugleich im Horizont des heraufziehenden Solarzeitalters kreativ gestaltet werden.

Der Dank für die Energieernte kann Menschen über kulturelle und religiöse Unterschiede hinweg einen. Dies gilt umso mehr für eine zukünftige Weltgesellschaft im 21. Jahrhundert.

Die **Zeitung in Deutschland** berichtete von unserer Teilnahme in Busan wie folgt, ein Zeitungsbericht aus der Idsteiner Zeitung.[6]

Andreas Krone mit Frau Lucy (links neben ihm) und anderen Besuchern an der Infowand zum Projekt Energie-Erntedank. Foto: privat/Krone

Energie als Gottesgabe

UMWELT Pfarrer präsentiert sein Projekt bei Versammlung des ökumenischen Weltkirchenrats

Von Volker Stavenow

WALDEMS/BUSAN. Wer hätte das gedacht, als vor sechs Jahren in Waldems erstmals zu Erntedank auch für die Energieernte gedankt wurde (diese Zeitung berichtete mehrfach). Das war die Geburtsstunde einer Idee des ehemaligen Escher Pfarrer Andreas Krone, der heute in Steeden als Seelsorger wirkt. Diese Idee wurde von der Synode der evangelischen Kirche in Deutschland aufgegriffen und auf dem deutschen evangelischen Kirchentag sowie auf dem Katholikentag präsentiert. Inzwischen reicht die Idee weit über Deutschland hinaus.

Dazu nimmt Pfarrer Andreas Krone bei der Vollversammlung des ökumenischen Rates der Kirchen teil. Die findet in Busan in Korea statt. Dort kommen Christen aus aller Welt zusammen. Sie sprechen, beten und denken darüber nach, wie die Kirchen in den nächsten Jahren auf die weltweiten Herausforderungen reagieren können, wie Menschenwürde geachtet, Gerechtigkeit und Frieden gefördert und der ökologischen Krise begegnet werden kann.

Weltweites Interesse

Das Projekt von Pfarrer Krone zeigt Möglichkeiten auf, wie Kirchen das Bewusstsein für regenerative Energien fördern können. „Sonne und Wind sind Gaben Gottes, aus denen Energie gewonnen werden kann. Das sollte nicht länger ignoriert werden“, sieht es Krone. Der Pfarrer hat das von ihm entwickelte Projekt „Energie-Erntedank“ inzwischen durch den Zusatz „weltweit“ erweitert, um die globale Dimension anzudeuten. Interesse an dem Projekt besteht tatsächlich in den verschiedensten Regionen der Welt.

US-Amerikaner staunen, was in Deutschland in Hinblick auf regenerative Energie möglich ist. Eine Pfarrerin aus dem Sonnenstaat Florida möchte das nicht nur aufgreifen, sondern das Ehepaar Krone auch zu sich nach Florida holen, um dort Vorträge und Workshops zu halten – und auszustellen. Denn seine Frau Lucy D'Souza-Krone zeigt am selben Stand ihre Bilderreihe „Kunst fürs Klima“. Menschen aus aller Welt kennen Lucys Bilder durch das vor Jahren von ihr gemalte Hungertuch und kommen auf sie zu.

Auch viele Koreaner zeigen großes Interesse an dem Projekt „Energie-Erntedank“. Auch aus anderen Teilen der Welt ist das Interesse groß. „Wir haben zahlreiche Kontakte geknüpft, haben einen Stapel von Visitenkarten mit Interessierten. So aus Jamaika, Indien, Neuseeland, den Philippinen, Indonesien, Malaysia, Finnland, Holland, Brasilien und auch aus Afrika. Die Schweizer führten ein Interview mit mir. Auch zwei Redakteure aus dem Kongo tauchten auf, die dort zu meiner Überraschung eine Radiostation mit Solarenergie betreiben.“

Angesichts der ökologischen Krise habe Kirche laut Krone das Bewusstsein für den Einsatz regenerativer Energie zu fördern. Dazu will das von ihm entwickelte Projekt einen Beitrag leisten. „Die interessierte Aufnahme des Projekts von Menschen aus aller Welt ist überwältigend und ermutigend“, so sein Fazit.

Ein Resultat unserer Teilnahme an der Vollversammlung war, dass ich nach Rückkehr in Deutschland in der Gemeinde und im Dekanat die Aktion Lichtbringer ins Leben rief. Ziel war es Haushalten ohne Strom zu einer Solarlampe zu verhelfen. „Licht schenken statt verschwenden" lautete das Motto der Aktion, die wir in der Adventszeit durchführten. Denn können wir unsere Glaubensgeschwister in armen Ländern abends im Dunklen sitzen lassen, wenn wir von Christus als dem Licht der Welt sprechen und hier bei uns im Advent Licht en mass verschwendet wird? Die Schirmherrschaft übernahm gerne der Landrat und wir konnten etwa 1000 Solarlampen vermitteln durch Kooperation mit Thomas Ricke von www.villageboom.com. Sein Ziel ist Dörfer durch Solarstrom wirtschaftlich voran zu bringen, indem das eingesparte Geld im lokalen Wirtschaftskreislauf verbleibt statt Gelder für fossile Brennstoffe in die Ölländer abfließen zu lassen. Das sind einfache Beispiele für die Energiewende und die Menschen, die davon profitieren sind äußerst dankbar für Solarlicht.

Bei der nächsten Vollversammlung des Ökumenischen Rates, die 2022 in Karlsruhe stattfand, wirkten wir beide wieder mit und die Idsteiner Zeitung berichtete von unserer Teilnahme wie folgt.[7]

Klimakunst und Energie-Erntedank

Zwei Projekte aus Waldems werden bei der Vollversammlung des ökumenischen Rats vorgestellt

WALDEMS (red). Beiträge aus Waldems bei der Vollversammlung des ökumenischen Rats der Kirchen in Karlsruhe: Dort wurde der gemeinsame weitere Kurs der 352 Mitgliedskirchen aus aller Welt festgelegt. An dem Treffen wirkten auch zwei Teilnehmer mit, die ihre Beiträge schon vor Jahren im Waldemser Ortsteil Esch, genauer gesagt im dortigen Pfarrhaus, entwickelt haben.

Die gebürtige Inderin Lucy D'Souza-Krone zeigte ihre Gemäldereihe „Kunst fürs Klima", die sie in Esch geschaffen hatte. Das Thema ist angesichts von riesigen Überschwemmungen in Pakistan und einem extremen Dürresommer in Europa aktueller denn je. Der Ehemann der Künstlerin, der frühere Pfarrer von Esch, Andreas Krone, zeigte auf der Vollversammlung das Projekt Energie-Erntedank.

Dazu hatte Krone schon 2007 in Waldems die Gemeindeglieder und insbesondere die Betreiber von Solaranlagen eingeladen. Angesichts der Energiekrise und eines ungewissen Winters ist das schon vor 15 Jahren entwickelte Projekt so aktuell wie nie zuvor. „Es gilt das Bewusstsein zu schärfen, dass wir Sonne und Wind in Hülle und Fülle haben und damit gesegnet sind. Wir können ausreichend regenerative Energie ernten, wenn wir die dazu erforderlichen Voraussetzungen schaffen", befindet Krone.

Solar-Erntedank in Gegenwart und Zukunft

Albert Einstein und das EEG: PV ist das Geschenk Deutschlands an die Welt

Schon gewusst?
Wer mittels Photovoltaik Energie von der Sonne erntet, wandelt damit auf den Spuren eines berühmten Wissenschaftlers. Albert Einstein legte den Grundstein für die Nutzung von Photovoltaik, indem er 1907 den lichtelektrischen Effekt, den Becquerel 1839 entdeckt hatte, theoretisch zu erklären wusste. Dafür wurde ihm 1921 der Nobelpreis für Physik verliehen. Rund 50 Jahre später kam es durch die Raumfahrt zur ersten kommerziellen Anwendung von Photovoltaik. Aber die Technik war immer noch sehr teuer.
Der eigentliche Durchbruch um die Kosten zu senken, geschah im Jahr 2000 als in Deutschland das Erneuerbare-Energien-Gesetz (EEG) beschlossen wurde und am 1.4.2000 in Kraft trat. Die dadurch gesteigerte Nachfrage führte zur Massenproduktion von Photovoltaik und damit zu einer Kostenreduktion von bis zu 80 oder gar 90%.
Klaus Töpfer, der frühere Umweltminister und dann Exekutivdirektor des Umweltprogramms der Vereinten Nationen (UNEP), sagt dazu, Photovoltaik ist das Geschenk Deutschlands an die Welt.

Es gibt zwei die Welt grundlegend verändernde Erfindungen aus Deutschland:

- 1886 wurde das Automobil von Carl Benz erfunden.
  Die Ermöglichung von Mobilität und dem damit einhergehenden Straßenbau veränderte das Leben im 20. Jahrhundert auf der ganzen Welt.

- Einsteins Theorie zum lichtelektrischen Effekt legte die Grundlage für die Entwicklung der Photovoltaiktechnik.
  Durch das in Deutschland geltende EEG wurde die Massenproduktion von PV eingeleitet. Durch deren weltweite Anwendung werden im 21. Jahrhundert fossile Brennstoffe ersetzt, CO_2 Emissionen damit vermieden und dem Klimawandel entgegengewirkt.

Exkurs zur Wirkweise von Photovoltaik

1839 wurde der photoelektrische Effekt durch den Franzosen Alexandre Edmond Becquerel entdeckt, als er feststellte, dass der bei Licht fließende Strom geringfügig größer war als im Dunkeln. 1907 lieferte „Einstein eine theoretische Erklärung des lichtelektrischen Effekts, die auf seiner Lichtquantenhypothese von 1905 beruhte. Dafür erhielt er 1921 den Nobelpreis für Physik."[8]

Licht kann sowohl als Welle als auch als Teilchen betrachtet werden, genauer gesagt Licht ist eine Welle bzw. ein Fluss von Lichtteilchen, die Photonen genannt werden. Einstein wies darauf hin, dass Licht aus winzigen Energiepaketen besteht, den sogenannten Photonen, d.h. einer Reihe von einzelnen, sich bewegenden Teilchen.

Der photoelektrische Effekt tritt auf, wenn ein Photon mit genügend Energie auf ein Elektron trifft und es anregt. Die Energie des Photons wird dabei auf das Elektron übertragen und kann genutzt werden, um einen Stromfluss zu erzeugen. Wenn ein geeignetes Material, z.B. Silicium, von Licht bestrahlt wird, dann regt jeweils ein mit genügend Energie geladenes Photon ein Elektron in dem Material an, sodass dieses Elektron fließen kann. Das fehlende Elektron lässt ein Loch zurück, das auch fließen kann. Das vollzieht sich in der Solarzelle, die ein inneres elektrisches Feld hat, durch das die Elektronen auf die eine Seite geschickt werden und die Löcher auf die andere Seite. Damit entsteht eine elektrische Spannung an den Klemmen der Solarzelle und dort kann man Strom abzapfen. Ohne Einsicht wie in geeigneten Materialien Photonen auf Elektroden wirken, gäbe es keine Photovoltaiktechnik.[9]

Die Sonne – Königin der erneuerbaren Energien

Schon bald wird weltweit der Energiebedarf vorwiegend durch die Sonne in Form von Solarstrom und solarer Wärme gedeckt werden. Da wird jeder mitmachen können und wollen – sei es mit entsprechenden Solargeräten kleine Batterien direkt mit der Sonne aufzuladen
(wie wir es seit Jahren tun) bis hin zur (nahezu) autonomen Selbstversorgung durch Anlagen auf dem Dach und Grundstück.

Gerade die Sonnenernte kann und sollte soweit es geht dezentral gestaltet werden, d.h. Milliarden von Menschen werden bald daran beteiligt sein. Hinzu kommen große Solarparks, um den riesigen Energiebedarf der Industrie zu decken.

D.h. die Sonnenernte wird von ihrem Umfang her wirtschaftlich von überragender Bedeutung werden, wenn man sich klar macht, dass die Gelder, die bislang in Kohle, Gas und Öl fließen, in Zukunft vorwiegend für die Sonnenernte eingesetzt werden.

Zahlen zur Solarernte in Deutschland

Bis Ende 2023 wurden 81,82 GW Netto-Leistung zur Stromerzeugung installiert. Davon ca. 14 GW allein im Jahr 2023.
Die Bruttostromerzeugung aus PV-Anlagen betrug 2023 ca. 62 TWh.
Dadurch vermiedene Treibhausgas-Emissionen ca. 42 Millionen Tonnen.
Es gibt Ende 2023 ca. 3,7 Millionen PV-Anlagen.
Mehr als 1 Million neue PV-Anlagen wurden 2023 in Betrieb genommen.
Für das Jahr 2024 planen 1,5 Millionen eine neue PV-Anlage.[10]

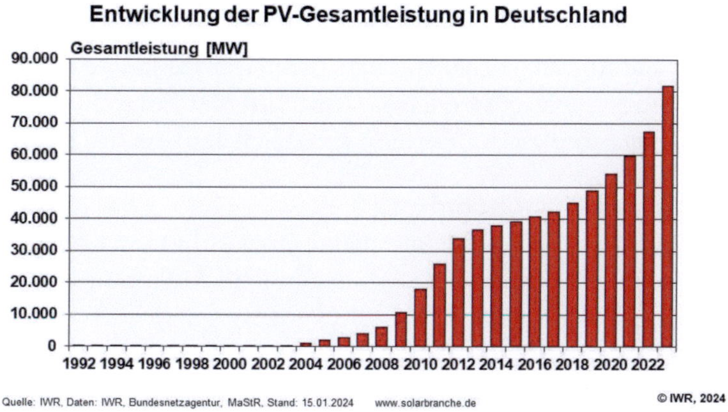

www.solarbranche.de/ausbau/deutschland/photovoltaik [11]

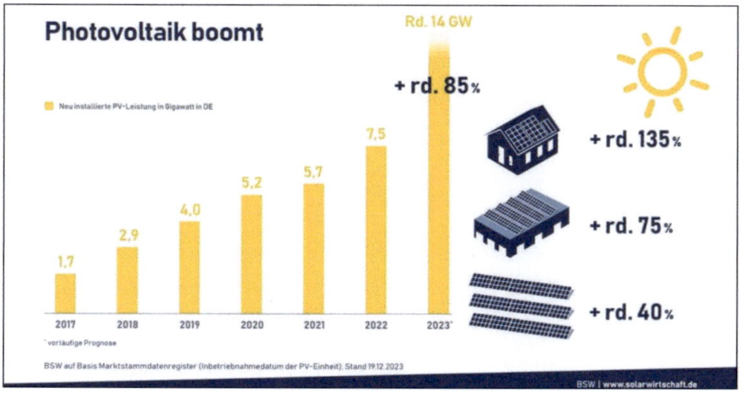

„Mit rund 7 GW entfiel die Hälfte der 2023 neu installierten Solarstromleistung auf das Heimsegment, das gegenüber dem Vorjahr 2022 mit einem Plus von 135 Prozent nach BSW-Angaben (Bundesverband Solarwirtschaft) besonders kräftig zulegen konnte....
31 Prozent der 2023 neu installierten Solarstromkapazität (rd. 4,3 GW) wurde im Rahmen ebenerdig errichteter Solarparks realisiert (rd. 40 Prozent plus ggü. 2022)....
Auf Firmendächern wurden 2023 mit rd. 2,5 GW knapp ein Fünftel (18 Prozent) der neu installierten solaren Kraftwerksleistung installiert, rd. 75 Prozent mehr als im Jahr 2022.
... Erfreulich sei zudem, dass auch immer mehr zur Miete lebende Haushalte inzwischen von preiswerter Solartechnik profitieren.
Rund 270.000 Steckersolargeräte – sogenannte „Balkonkraftwerke“ – wurden in Deutschland laut dem Marktstammdatenregister der Bundesnetzagentur allein 2023 neu in Betrieb genommen. Dies stellt mehr als eine Vervierfachung im Vergleich zur Anzahl der im Jahr 2022 neu gemeldeten Steckersolargeräte dar. ... Mit Hilfe der Solarenergie können private Haushalte ihre Energiekosten erheblich senken.“[12]

Solarthermie in Deutschland

Bis 2022 kulminierte Solarkollektorfläche 22,1 Millionen Quadratmeter.
In Betrieb befindliche Solarwärme Anlagen 2,58 Millionen
Solarwärme-Leistung bis 2022 14,4 GW (th)
Netto vermiedene Treibhausgas-Emissionen in Co2 Äquivalenten im Jahr 2022 2,6 Millionen Tonnen.[13]

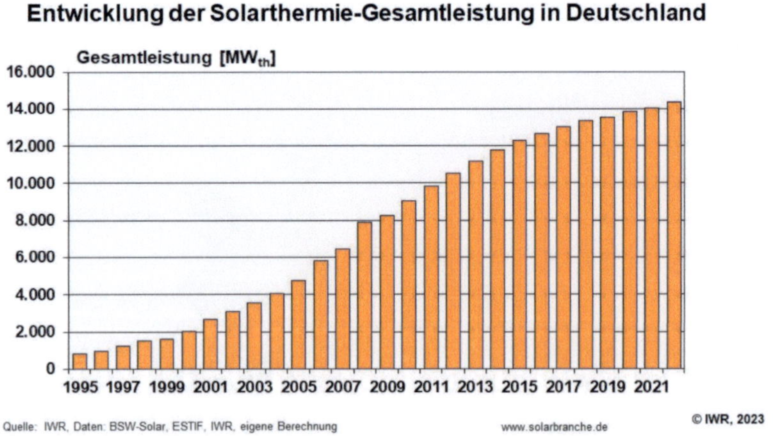

www.solarbranche.de/ausbau/deutschland[14]

Das Potential für Photovoltaik ist riesig

Prof. Dr. Volker Quaschning weist darauf hin, „dass wir in Deutschland etwa 20 Prozent des gesamten heutigen Energiebedarfs (ca. 500 Terawattstunden) alleine über Solaranlagen auf Einfamilienhäusern decken könnten. Voraussetzung ist, dass alle 16 Millionen Einfamilienhäuser mit einer Solaranlage ausgestattet werden. Hinzu kommt das Potenzial der Dächer von Mehrfamilienhäusern, öffentlichen Einrichtungen und Industriegebäuden.“[15]
Das Potential ist noch weit größer mit den PV-Anlagen, die sich in die Hülle von Gebäuden, Verkehrswegen und Fahrzeugen oder in Agrar- und Wasserflächen einfügen:

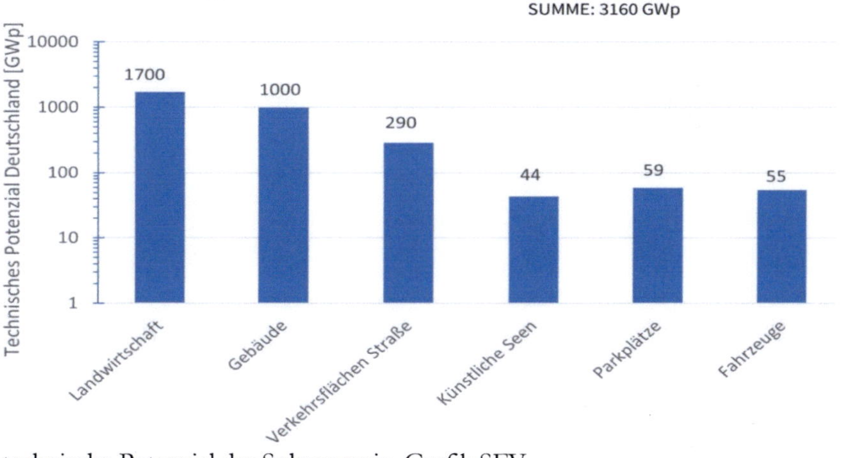

Das technische Potenzial der Solarenergie. Grafik SFV (Solarenergie-Förderverein auf Basis von Fraunhofer ISE-Daten)

Anwendungen für die Integration von Photovoltaik, Frauenhofer ISE Daten [16]

Schon gewusst?

Die Energieleistung der Sonne, die in weniger als einer Stunde auf die Erde trifft, reicht aus „um den Energiebedarf aller Menschen für ein Jahr zu decken. Pro Jahr strahlt die Sonne eine Energiemenge auf die Erde ab, die 15.000 mal größer ist als der Energieverbrauch aller Menschen auf der Welt in einem Jahr.“[17] Kurz und griffig ausgedrückt: „In einer halben Stunde schickt die Sonne mehr Energie zur Erde als Menschen im Jahr verbrauchen.“[18] Das Potenzial der Stromerzeugung mittels Photovoltaikanlagen wurde in einer neueren weltweiten Studie untersucht.
Das Ergebnis lautet:
Die ganze Welt lässt sich mit Solarstrom vom Dach versorgen![19]
Der Himmel stellt uns also mit der Sonne Energie in Hülle und Fülle zur Verfügung. Es ist an der Zeit diese zu ernten und dafür zu danken
→ Solar-Erntedank!

Landwirtschaftliche Ernte und Sonnenernte

Der Begriff Ernte stammt aus der landwirtschaftlichen Welt, hat in der bäuerlichen Kultur seinen Sitz im Leben. Jäger- und Sammlergesellschaften haben hingegen noch keinen planmäßigen Anbau betrieben, das war angesichts der Nicht-Sesshaftigkeit von Nomadengruppen auch gar nicht möglich. Erst mit der Sesshaftigkeit und auf der eigenen Scholle wurden über Jahrhunderte, ja Jahrtausende der Anbau von Lebensmitteln zielstrebig entwickelt, die Anbauweisen verfeinert und die Wasserversorgung verbessert. Bis heute erhält sich dabei das Wissen, dass es nicht nur an uns liegt, ob die Ernte heranwächst und eingebracht werden kann.
Das kommt in einem bekannten Erntedanklied deutlich zum Ausdruck. „Wir pflügen und wir streuen den Samen auf das Land, doch Wachstum und Gedeihen steht in des Himmels Hand. Der tut mit leisem Wehen sich mild und heimlich auf und träuft, wenn heim wir gehen, mit leisem Wehen Wuchs und Gedeihen drauf.“
Im Begriff der Ernte schwingt also bei allem menschlichen Bemühen und Zutun etwas Unverfügbares mit. Und das ist bis heute so.
Wir wohnen in Rheinhessen, einer Weingegend. Die Winzer sind jedes Jahr aufs Neue auf das Wetter angewiesen, wissen nicht ob die Trauben reifen oder faulen werden; ob es ein guter Wein wird, das hängt insbesondere von der Sonne ab. So wie in der Landwirtschaft der Anbau von Nahrung planmäßig erfolgt, so wird der Aufbau von Solaranlagen zwecks

Sonnenernte mittlerweile planmäßig betrieben und hat in der technischen Welt seinen Sitz im Leben. Aber auch hier waltet Unverfügbarkeit.
Wenn die Sonne nicht scheint, fällt die Sonnenernte weit geringer aus.
Fazit: Sowohl für die Ernte von Lebensmitteln wie auch für die Sonnenernte kommt es auf das menschliche Planen und Tun an, auf den Anbau bzw. Aufbau. Aber dennoch ist und bleibt der Ernteertrag unverfügbar, wir sind und bleiben auf eine andere höhere Macht angewiesen und insbesondere auf die Sonne. Daher ist es angemessen nicht von Produktion im industriellen Sinne zu sprechen, bei der das geplante Produkt in gewünschter Qualität und Stückzahl geschaffen wird, sondern von Ernte, von Sonnenernte. Auch darum legt es sich nahe, dass die Kirchen die Sonnenernte mehr in den Blick nehmen – als eine gute, aber unverfügbare Gabe Gottes.

Sonnenkraft ernten inzwischen mehr Menschen als Lebensmittel

Die Zahl der Menschen, die Wärme und Strom von der Sonne ernten, steigt unablässig. Wenn man auf 3 Personen eine Anlage rechnet, kommt man in Deutschland auf fast 20 Millionen Menschen, die inzwischen Energie von der Sonne ernten. Das sind schon jetzt weit mehr Menschen als in der Landwirtschaft in Deutschland tätig sind. Wenn man die in letzter Zeit rasant zunehmenden Steckermodule, auch Balkonmodule genannt, hinzurechnet, dann sind das oder werden das bald mehr Menschen sein als jene, die im eigenen Garten oder Balkon Lebensmittel anbauen und ernten. Angesichts der Perspektive, dass die Verbreitung von PV in den nächsten Jahren stark zunehmen wird, bald jeder zweite Haushalt in Deutschland zumindest ein oder mehrere Steckermodule zur Stromgewinnung einsetzen wird, übersteigt die Zahl derer, die Sonnenenergie ernten, bald bei weitem die Anzahl jener die Lebensmittel ernten.

Sonnenernte und die Glaubensgemeinschaften

Es ist verwunderlich, dass die Kirchen und religiöse Gemeinschaften nicht schon längst diese Entwicklung ernsthaft und großflächig aufgegriffen und in den Jahreskreis integriert haben. Vor allem da es ein Anliegen der Glaubensgemeinschaften ist, die Schöpfung möglichst intakt an die nächsten Generationen weiter zu geben und dabei immer wieder unsere Verantwortlichkeit als Menschen betont wird.
Es ist daher um so unverständlicher, dass die Kirchen bislang so wenig im

Blick haben, dass sich in naher Zukunft nahezu jeder Mensch an dieser Form der Ernte beteiligen kann und wird und sei es nur das Handy bzw. die Powerbank mit einem kleinen Solarmodul aufzuladen. Dass sich das gerade in einfachsten Verhältnissen lohnt, habe ich bei unseren Partnerschaftsprojekten in abgelegenen Gegenden in Tansania und Ghana erlebt. Dort müssen Menschen nur für das Aufladen ihres Handys mit Strom prozentual so viel Geld zahlen, wie wir prozentual für unseren gesamten Stromverbrauch ausgeben!
Gerade Glaubensgemeinschaften verfügen über vielfältige Möglichkeiten, einen spezifischen und wesentlichen Beitrag zur schnellen Verbreitung klimafreundlicher Energiegewinnung zu leisten. Das beginnt damit, die Mitglieder auf ihre persönliche Verantwortung hin anzusprechen, den ihnen selber möglichen Beitrag zu leisten. Zudem verfügen Glaubensgemeinschaften über Räumlichkeiten, in denen entsprechende Veranstaltungen und Ausstellungen stattfinden können. Ferner kann man Sammelbestellungen für Balkonmodule organisieren und sich bei der Montage gegenseitig unterstützen. Glaubensgemeinschaften verfügen meist auch über Immobilien, auf deren Dächern und an deren Mauern PV installiert werden kann. In armen Ländern könnten Menschen ohne eigenen Stromanschluss dort ihre Handys aufladen. In der Arbeit mit Kindern können diese spielerisch schon an die Nutzung der Sonnenergie herangeführt werden. Und schließlich sollte die Energiewende auch im gottesdienstlichen Leben gewürdigt und gebührend gefeiert werden.
All das können Kirchen und religiöse Gemeinschaften in die Wege leiten, die Zeit ist mehr als reif dafür.

Die Kraft der Sonne nutzen in fünf Schritten

Da Solar-Erntedank auch dazu anregen soll, mehr Dächer solar zu nutzen, füge ich hier eine Aufstellung an wie das in 5 Schritten geschehen kann:

1. **Planen** – Technisches

Welche Dächer und Grundstücke stehen zur Verfügung
Welche davon sind geeignet, im örtlichen Solarkataster nachschauen
Dachneigung und Himmelsrichtung
Verschattung
Für welche Sektoren: Haushalt, Wärme (Warmwasser und Heizen), E-Auto

2. **Investieren** – Finanzielles

Hier geht es um das liebe Geld:
Eigenmittel
Darlehen von der Landeskirche
Öffentliche Zuschüsse
Dachflächen an Investoren vermieten: An Landeskirche (wie in der EKHN) oder externe Investoren und dafür jährlich ein Pachtgeld, „Sonnengeld" erhalten.

3. **Ernten** – leicht und einfach

Die Sonnenernte geschieht am Tag. Der Herr gibt's den Seinen (und der ganzen Welt) auch am Tag und nicht nur im Schlaf.

4. **Danken** – Liturgisches

Für eine mühelose Ernte kann man um so mehr danken
→ Solar-Erntedank feiern

5. **Verwerten** – Kaufmännisches

Da die Sonneneinstrahlung schwankt, ist auch der Überschuss an Energie zu nutzen, sei es durch Speicher, Einspeisung oder Direktvermarktung.

Solar-Ernte im Alltag nutzen – Prima für das Klima

Solar-Erntedank hilft im Alltag mit Energie sorgsamer umzugehen, da es das Verhalten als Verbraucher schult: Versuche nur so viel an Energie zu verbrauchen, wie auch an Energie geerntet werden kann. So wird ein bewusster, nachhaltiger Lebensstil gefördert und trägt dazu bei, wieder zu einem Gleichgewicht zwischen nachhaltigem Energieangebot und Verbrauch zu gelangen. Damit sind wir wieder bei dem eingangs erwähnten Grundsatz, mit dem zurecht zu kommen, was verfügbar ist, z.B. die Waschmaschine nicht abends laufen zu lassen, sondern wenn die Sonne scheint. Wir haben wieder zu lernen, nicht alles zu jeder Zeit machen zu können. Schon in der Bibel heißt es: Alles hat seine Zeit. Dazu brauchen wir auch eine neue Art der Genügsamkeit, statt maßlos Energie einzusetzen, wenn diese momentan nicht hinreichend vorhanden ist. Wir sollten uns dabei von dem anfangs genannten Grundsatz leiten lassen:
zurecht zu kommen mit dem was vorhanden ist.

Wenn wir das nicht beherzigen und stattdessen weiterhin mit Klimagasen die Atmosphäre belasten und deren Aufnahmefähigkeit überschreiten, dann wird das ein böses Erwachen geben, ja ein böses Ende nehmen. Wir sollten uns immer wieder bewusst machen, dass wir mit Energie in Hülle und Fülle gesegnet sind und es darauf ankommt, sie zur rechten Zeit zu nutzen! Darum sollten wir Ausdruckformen finden, die Gaben des Himmels zu feiern und unseren Dank für die von Sonne und Wind geerntete Energie vor Gott bringen.

Solar-Erntedankfest: Wann, wo, wie feiern?

Wenn wir den Ablauf des Jahres bedenken, gibt es mehrere Möglichkeiten, die Feier und den Dank für die Sonnenernte anzusetzen. In der Osterzeit könnte man es mit dem Licht der Auferstehung in Verbindung bringen. Ein guter Zeitpunkt ist auch um den 21. bis 24. Juni. Da steht die Sonne am Himmel am höchsten, sind die Tage am längsten und die Sonnenernte ist am größten. Das lässt sich zudem mit der Sommersonnenwende und dem Johannistag mit dem Hinweis verbinden, dass das äußere Licht der Sonne nun zwar abnehmen wird und es daher um so mehr darauf ankommt, auf das innere Licht acht zu geben, das durch Christus zu uns in die Welt gekommen ist, um uns beim Aufbau einer humanen, von Licht bestimmten Zivilisation zu begleiten.
Ein weiteres Zeitfenster ist die von den Kirchen ausgerufene Schöpfungszeit vom 1. bis 4. Oktober und dabei insbesondere das Erntedankfest, das üblicher Weise am ersten Sonntag im Oktober oder schon Ende September gefeiert wird. Solar-Erntedank könnte so zu einem integralen Bestandteil des allgemeinen Erntedankfestes werden. Man könnte auch den 4. Oktober wählen, den Festtag von Franz von Assisi, auf seinen Sonnengesang Bezug nehmen, im Freien ein Sonnenfestival feiern mit Dank an Gott für die Gabe der Sonne und dies durch Sonnenlieder, Sonnentänze, Sonnengedichte und Sonnenliturgien zum Ausdruck bringen. Denkbar ist dabei auch eine Solarmesse zu organisieren, auf der über die Möglichkeiten und neuesten Entwicklungen auf dem Gebiet der Umwelttechnologien informiert werden kann.

Meine Sonnenernte

.... hat's drauf (auf dem Dach)

Im Jahr .... wurden hier
.... kWh von der Sonne geerntet

.... ist ein Sonnenfreund und damit ganz helle:
Mit Sonne von oben und Sonne im Herzen

Mit sonnigem Gemüt
und PV auf vielen Dächern
meistern wir die Energiewende

100% erneuerbar so bald wie möglich

Bruder Sonne und Schwester Mond

© Lucy D'Souza-Krone

Die Sonne ist bekanntlich unser Lebensmotor. Ohne Sonne könnten wir nicht existieren. Hier sehen wir die hell leuchtende Sonne wie sie am Anfang des Tages aufgeht. Ein Symbol dafür ist das Pferd, das in Indien als Vehikel für den Sonnengott gilt. Dort gibt es die schöne Vorstellung von der Morgendämmerung, die den Sonnengott mit seinem Wagen samt 7 Pferden, die die 7 Farben des Regenbogens darstellen, begrüßt. Schwester Mond und Sterne heißen die Nacht willkommen und erinnern uns daran auszuruhen. Die Sonne erinnert uns andererseits an unser Tagwerk, um unseren Pflichten als Geschöpfe dieser Erde nachzukommen. So sind Sonne und Mond, Tag und Nacht komplementär.

Als ich 2011 in eine neue Gemeinde kam, hatte ich gleich die Dachflächen des Gemeindehauses und auch die des Pfarrhauses an die Liegenschaftsabteilung unsrer Landeskirche vermietet, die darauf PV installierte.
Zusätzlich stellten wir eine Schautafel am Gemeindehaus auf, die anzeigt wie viel PV-Strom aktuell und wie viel insgesamt schon durch die Anlage erzeugt wurde. Als Begleittext war zu lesen:
„Photovoltaik Strom für die Zukunft Mit der Sonne von oben und Sonne im Herzen. Wir glauben an eine sonnige Zukunft. Evangelische Kirchengemeinde Kaichen".
Nun stellte sich die Frage wie gewinnen wir auch die Herzen der Kinder für PV und motivieren damit auch die teilweise noch zögerlichen Eltern. Dies im Sinn entwickelte ich für die letzte Woche in den Sommerferien 2012 eine Kinderwoche, die unter dem Motto stand „Schöpfungstage für Kinder: Die Sonne und ihre Kraft".
In der Einladung an die Kinder hieß es:
Wir werden hören und sehen, was die Sonne kann und was wir mit der Sonne alles machen können. Wir werden mit der Kraft der Sonne verschiedene Dinge ausprobieren, experimentieren und dazu basteln.
Du wirst ins Staunen kommen und dabei Deine Freude haben.

Die drei Nachmittage begannen jeweils mit einem Anspiel zum Thema, das wie folgt entfaltet wurde:

1.Tag, Anspiel: Die Sache mit dem Licht – wie alles anfing

S.: (kommt herein, pflückt bzw. nimmt Sonnenblume.
Schaut sie an, freut sich daran.)
A.: (kommt vorbei, lacht als er S mit der Sonnenblume sieht): Hahaha
S.: Was lachst du denn? Lachst du mich etwa aus?...
A.: (Lacht noch mal) Hahaha - Nein, nein, ganz und gar nicht.
(Lacht wieder) Hahaha
S.: Aber warum lachst du denn?
A.: Ja, ich lache wenn ich dich sehe.
S.: Also lachst du mich doch aus!?
A.: Nein, ich lache weil ich dich mit der Blume sehe.
S.: Was gibt es denn zu lachen über die Blume und über mich noch dazu?
A.: Ich lache und freue mich.
S.: Ich verstehe nicht warum du gemein zu mir und so komisch zu der Blume bist.

A.: Mit der Sonnenblume erinnerst du mich an das, was deine Großmutter immer von dir gesagt hat, wie sie dich genannt hat.

S.: Meine Großmutter? Wie kommst du denn auf die? Die war immer ganz nett und lieb zu mir.

A.: (Lacht wieder) Hahaha. Ja eben, die hat dir einen besonderen Namen gegeben.

S.: Das wusste ich ja noch gar nicht! Wie hat sie mich denn genannt?

A.: Haha, das verrat ich dir nicht. Das musst du selber rausfinden. Aber ich kann dir eine Hilfe geben.

S.: Ja bitte, ich will unbedingt wissen wie meine Großmutter mich genannt hat.

A.: Also, wenn du das wissen willst, dann öffne ich hier diese Tasche. Da ist der Name drin.

S.: Ja gib her, das will ich lesen.

A.: Halt, so einfach geht das nicht. Hier sind nur die einzelnen Buchstaben. Die werf ich in die Luft und du hast daraus deinen Namen zusammenzusetzen. Bist du einverstanden?

S.: Sag mir den Namen doch einfach.

A.: Nein, das darf ich nicht.

S.: Also dann gib die Buchstaben her.

A.: Ich werf sie jetzt in die Luft (wirft sie in die Luft).
Einen Tipp geb ich dir noch. Dein Name hängt mit der Blume zusammen. Darum hab ich so gelacht. (Lacht, geht ab) Hahaha

S.: (Schaut sich die Buchstaben an. Probiert, legt Buchstaben hin und her). Wenn mein Name, wie A sagt, mit der Sonnenblume zu tun hat, dann leg ich mal diese Buchstaben hier hin:
SONNEN
Dann bleiben noch DIKN
Hat jemand von euch eine Idee?...
KIND
KIND SONNEN
Nein, das klingt nicht gut.
Vielleicht erst SONNEN und dann KIND
Ja, jetzt hab ich es: SONNENKIND!
Das ist ein wirklich schöner Name mit dem mich meine Großmutter genannt hat. Da kann ich wirklich stolz sein - und kann gut lachen! Aber was bedeutet das eigentlich: Sonnenkind?

Jetzt muss ich mal überlegen. Mir fällt aber nichts ein.
Ich werde die Leute fragen, was das meint, die sollen mir helfen.
(Spricht B an, der gerade vorbeikommt):
Guten Tag, können Sie mir sagen was Sonnenkind meint?

B.: Äh, wie bitte: Tonnenkind? Das sind wohl ganz arme Kinder, die kein Zuhause, kein Zimmer haben, die leben nur in einer Tonne.

S.: Wie bitte? Ich glaub ich hör nicht recht. Ich leb doch nicht in einer Tonne! Ich bin ein Sonnenkind! Ich werde die Frau dort drüben fragen. Können Sie mir sagen, was Sonnenkind heißt?

C.: Nun ja, da stecken zwei Worte drin: Sonne und Kind. Was ein Kind ist, das weißt du. Und die Sonne, die hat was mit Wonne zu tun. In der Sonne ist es warm und gemütlich. Das ist eine Wonne. Sonnenkinder fühlen sich wohl und sind glücklich.

S.: Ah, das ist eine schöne Erklärung. Das hört sich gut an. Das bin ich gern, ein Sonnenkind, ein Wonnekind.
Aber über die Sonne wüsste ich gern noch mehr.
Ich frag mal die Frau dort: Was kannst du mir über die Sonne sagen?

D.: Die Sonne, die ist weit weit weg und doch scheint sie jeden Tag auf die Erde. Es gibt dazu auch Texte und alte Erzählungen. Aber die hab ich nicht. Geh zum Pfarrer, der kann dir bestimmt darüber mehr sagen.

S.: Gut, danke schön für die Auskunft.
(Rennt zum alten Fachwerkhaus, dort sitzt ein Mann im Garten)
Hallo, ich bin das Sonnenkind und will über die Sonne was wissen.

Pfr.: Gut mein Kind, komm und setzt dich, ich habe viele Geschichten über die Sonne. Welche möchtest du denn hören?

S.: Ich will wissen wie das mit der Sonne und dem Licht angefangen hat.

Pfr.: Hm, das ist eine ganz schwierige Sache. Aber es gibt da eine alte Erzählung wie der liebe Gott alles hat entstehen lassen.

S.: Auch die Sonne?

Pfr.: Ja, mein liebes Kind, auch die Sonne.

S.: Davon will ich hören und zwar jetzt!

Pfr.: Nun, dann muss ich mein dickes Buch holen.
(Geht und kommt mit der Bibel zurück.) So und nun hör mir gut zu
(1.Mose 1,1-19 vorlesen in einer kindgemäßen Version)

S.: Das ist ja alles sehr interessant. Die Sache mit dem Licht und der Sonne – wie alles angefangen hat. Jetzt weiß ich auch über meinen Namen besser Bescheid. Jetzt geh ich nach Hause.

Aber ich würde gerne noch mehr über die Sonne erfahren.
(Zu den Zuhörern gewendet): Vielleicht wollt auch ihr noch mehr über die Sonne wissen. Die Sonne ist schön warm und macht alles hell.
Ich jedenfalls bin froh ein Sonnenkind zu sein. Froh und stolz geh ich nach Hause.

2. Tag, Anspiel: Lebt als Kinder des Lichts

Lied: Vom Aufgang der Sonne.

S.: Hallo Kinder, hier bin ich wieder, das Sonnenkind.
Schön euch hier zu sehen. Ich wäre heute fast zu spät gekommen.
Ich wusste gar nicht wie spät es ist. Das ist euch bestimmt auch schon mal passiert oder nicht?

A.: (Kommt herein) Ach wie ich höre, hast du deinen Namen herausgefunden!

S.: Aber ja. Ein toller, ein schöner Name.

A.: Hat ja auch mit der Sonne zu tun.

S.: Sag mal, ich hatte gerade über Zu-spät-kommen nachgedacht.
Ist dir das schon mal passiert?

A.: Hm, wenn ich ehrlich bin, ja…

S.: Kinder kommen zu spät und Erwachsene manchmal auch, sogar Busse, Züge und Flugzeuge können zu spät kommen.

A.: Vielleicht trödeln die oder haben keinen Wecker.

S.: Sag mal, wenn das den Menschen, Bussen und Flugzeugen passiert, kann das der Sonne auch passieren?

A.: Du meinst ob die eine Art Wecker hat um früh morgens nicht zu verschlafen?

S.: Ja, stell dir vor, die würde verpennen! Dann bliebe alles dunkel bei uns auf der Erde!

A.: Weißt du, es gibt da einen wunderschönen Text in der Bibel, den Psalm 19.
Da wird erzählt wie die Sonne und der Mond einander rufen.

S.: So, das klingt ja spannend.

A.: Willst du die Geschichte hören?

S.: Oh ja, gern

A.: Eigentlich ist es eine Geschichte zum Darstellen.

S.: Das klingt noch interessanter.

A.: Gut, wir können die Geschichte von Sonne und Mond jetzt spielen - und du als Sonnenkind kannst die Sonne darstellen, wenn du willst.

S.: Ja gern - als Sonnenkind spiel ich die Sonne!
Psalm 19 (In der Version von Jörg Zink, in: Wie Sonne und Mond einander rufen, S 1f)

S.: Jetzt will ich noch mal zu dem Pfarrer gehen. Der hatte diesen tollen Text über das Licht und die Sonne.
(Macht sich auf den Weg, klopft am Haus an)

Pfr.: (Öffnet) Nanu, das Sonnenkind, was führt dich zu mir?

S.: Ich bin ja so neugierig. Ich will noch viel mehr über das Licht und die Sonne hören. Als Sonnenkind will ich Bescheid wissen.

Pfr.: Na, da hast du recht. Komm rein und setz dich.

S.: Hol doch bitte das dicke Buch und lies mir was Passendes daraus vor.

Pfr.: Nun, das Buch ist nicht weit, hier ist es. Heute schlagen wir nicht vorne auf, sondern weiter hinten. Da gibt es eine Stelle, die zu dir als Sonnenkind passt und auch wichtig ist.

S.: (Rutscht nervös hin und her) Ich bin schon ganz neugierig.

Pfr.: Es ist eigentlich keine Geschichte. Es ist nur ein Satz.

S.: Und der heißt?

Pfr.: Lebt als Kinder des Lichts.

S.: (Wiederholt fragend): Lebt als Kinder des Lichts?!

Pfr.: Ja, das passt zu dir!

S.: Zu mir? Wieso denn?

Pfr.: Na als Sonnenkind!

S.: Ach, ich verstehe: Vom Licht und mit der Sonne zu leben.

Pfr.: Gut, sehr gut. Und heute gebe ich dir eine kleine Aufgabe.

S.: Was denn?

Pfr.: Bitte überlege und finde mit deinen Freunden heraus, was das heißt und bedeuten kann: Als Kinder des Lichts zu leben.

S.: Na ich will mal sehen, ob wir da was herausfinden. Bis morgen.
(Rennt los)

A.: Von wo kommst du denn hergerannt?

S.: (Ganz aufgeregt): Vom Pfarrer, der mir gestern über die Sonne vorgelesen hat. Heute hat er mir gesagt, wir sollen uns Gedanken machen über die Worte: Lebt als Kinder des Lichts!

A.: Puh, das ist ja eine Aufgabe! Lass uns mal nachdenken.

S.: Ah, ich habe da eine erste Idee.

A.: Ja was denn?
S.: Das hängt mit dem Zuspätkommen und der Sonne zusammen.
A.: Ach, wenn wir nur eine Uhr hätten.
S.: Ja, wir bauen eine Uhr und zwar eine Sonnenuhr.
A.: Ja, spitze. Dann haben wir die Uhrzeit durch das Licht der Sonne.
S.: Die Aufgabe lautet: als Kinder des Lichts zu leben. Was kann das denn sonst noch heißen?
A.: Schwierig, schwierig!
S.: Ah, ich habe da noch eine Idee. Wie wäre es denn wenn wir uns mit Hilfe des Lichts sogar fortbewegen?
A.: Wie soll das denn gehen?
S.: Wir nutzen die Kraft der Sonne: nicht nur als Wärme, sondern auch zur Fortbewegung.
A.: Hä, wie soll das denn funktionieren?
S.: Na wir nehmen ein paar Solarzellen. Damit machen wir aus Licht den Strom und den nutzen wir zum Fortbewegen. Das ist doch sonnenklar.
A.: Tolle Idee. Aber ob das auch funktioniert?
S.: Also ich finde, ein Versuch ist es wert. Als Sonnenkind will ich wissen wie wir mit Licht sogar was bewegen können. Schließlich soll ich doch rausfinden was das heißt: Lebt als Kinder des Lichts.
A.: Also dann experimentieren wir mal!
S.: (Zu den Zuschauern gerichtet):
Macht ihr mit? Heute seid ihr eingeladen zu erkunden, wie aus Sonnen licht Kraft und Strom wird.

3. Tag, Anspiel: Sonnenkinder contra Dunkelmann

S.: Heute kriege ich Besuch. Bei mir hat sich jemand angekündigt.
A.: Wer denn, wie heißt er denn?
S.: Der hat einen seltsamen Namen: Dunkelmann nennt er sich.
A.: Der Name ist ja wirklich komisch. Als ob der was zu verbergen hat und mit Licht nichts zu tun haben will.
So einer will dich, das Sonnenkind treffen?
S.: Na wir werden sehen. (Es klopft und poltert laut)
D.: (Erscheint, geht schweren lauten Schrittes, ist schwarz gekleidet, hustet.)
S.: Sind Sie Herr Dunkelmann?
D.: Ja, der bin ich. Sonnenkind, ich habe gehört, du hast eine Erfindung gemacht.

S.: Na ja, erfunden habe ich das mit dem Licht nicht. Aber als Sonnenkind nutze ich die Kraft der Sonne gerne.

D.: Hör mir zu. Ich bin gekommen, um dir ein großes Angebot zu machen. Ich kaufe dir dein Patent für viel viel Geld ab. Dann wirst du reich und kannst dir alles kaufen was du willst.

A.: Aber wozu willst du denn die Sonnenkraft kaufen?

S.: Die gibt es doch frei und gratis für alle!

D.: Ja, das ist ja eben das Problem. Ich will, dass die Leute bei mir einkaufen.

S.: Und was verkaufst du?

D.: Ich verkaufe dunkle schwarze Sachen. Schwarze Kohle und schwarzes Gold.

A.: Schwarzes Gold?

D.: Ja, das ist Öl, das nennt man so: schwarzes Gold.
Damit kann ich sehr sehr viel verdienen. Und das soll auch so bleiben. Die Menschen sollen ihr Geld bei mir ausgeben. Darum will ich dir die Sonnenkraft abkaufen.

S.: Ja und was machst du dann damit?

D.: Die steck ich in die hinterste Ecke - die versteck ich. Keiner soll mehr wissen wie man aus Licht und Sonne Kraft und Strom macht.
Das ist gut, das ist gut für mich, gut für euch. Hahaha.

A.: Aber gerecht ist das nicht!

D.: Was ist schon gerecht auf dieser Welt?

S.: Ich als Sonnenkind sage dir: Den Menschen die Kraft der Sonne vor zuenthalten, das kommt überhaupt nicht in Frage. Viele haben doch gar keinen Strom auf der Welt. Vielen Menschen kann Sonnenstrom helfen.

D.: Aber ich biete euch viel viel Geld. Da könnt ihr alles kaufen was ihr wollt.

S.: Nein, wir leben lieber als Kinder des Lichts als mit dir gemeinsame Sache und dunkle Geschäfte zu machen. Wenn du in der Dunkelheit bleiben willst, bist du selbst dran schuld. Das ist deine Sache. Aber lass die anderen nicht in der Dunkelheit.

A.: Ja, die Kraft der Sonne und der Strom aus der Sonne ist für alle da.

S.: Du Dunkelmann, du bist wie du heißt: Ein ganz übler Mann, eben ein Dunkelmann. Scher dich zum Teufel

D.: (geht ab).

A.: Den sind wir los.

S.: Wir halten also fest: Die Kraft der Sonne ist mit allen Menschen zu teilen.

A: Das ist doch sonnenklar und gerecht dazu.

S.: Schon der Pfarrer sprach davon: Lebt als Kinder des Lichts. In der Bibel heißt es von Jesus: Ich bin das Licht der Welt. Wer mir nachfolgt, der wird nicht in der Dunkelheit bleiben.
A.: Was heißt denn das nun wieder?
S.: Nun, der Glaube an Jesus als Licht der Welt und wir als Sonnenkinder gehören zusammen. So wird die Welt besser und gerechter.
A.: Dem Dunkelmann geben wir also keine Chance.
S.: Damit sich der Dunkelmann nicht heimlich ins Fäustchen lacht, sollten wir die Energie und Kraft aber nicht verschwenden.
A.: Ich will rausfinden wer vom Licht und von der Energie den besten Gebrauch macht.
S.: Da habe ich wieder eine Idee: Wir bauen heute Sonnenautos und laden die Kinder mit den Solarfahrzeugen ein zum Sonnenrennen.
A.: Das klingt gut und toll. Wer wird wohl das schnellste Sonnenkind?
S.: Das werden wir bald sehen…
Für Sonnenkinder ist doch klar: Lebt als Kinder des Lichts.
A.:+S.: Das ist doch sonnenklar!!!

Auf das jeweilige Anspiel schloss sich folgendes Programm an, was ich als **Übersicht** hier anfüge:

1.Tag:

Anspiel: Die Sache mit dem Licht – wie alles anfing
Informationen: Sonne im galaktischen System
Gespräch zum Thema: Energie, was ist das?
Sonnenfingerheizung, Erneuerbare Energien, Grundschule, Arbeitsblatt 7 [20]
Alle, in Gruppen
Pause
In Gruppen:
A) Basteln: Planetensystem
B) Energie und Wärme Experimente:

1. Wasser verdunsten lassen auf neutraler und auf schwarzer Fläche
2. Schwarzen Eimer und weißen Eimer mit Wasser füllen und in die Sonne stellen.
3. Wärme einfangen in Karton, schwarzen und grauen, Erneuerbare Energien, Grundschule, Arbeitsblatt 7 [21]
4. Plastikflaschen in Karton erwärmen,
5. Solarkocher, Spiegelei

Weitere Möglichkeiten: Versuche zum Thema Solarthermie
5. Solarturm
6. Solardusche
Wärmedämmung als Wettbewerb mit Joghurtbechern [22]
Lied: Vom Aufgang der Sonne

2. Tag:

Teig in Solarbackofen tun
Anspiel: Lebt als Kinder des Lichts
Gespräch über die Bedeutung der Sonne

In Gruppen: (Pause vor dem Gruppenwechsel)
A) Basteln von Sonnenuhren aus Papier
Aufbau einer Sonnenuhr im Gelände
Mit einer Lupe etwas aus Papier rausbrennen (z.B. Smily)

B) Experimente mit einer kleinen Solarzelle (Photovoltaik):
a) die einen Propeller antreibt
b) Solarlampen
c) Energieverbrauch von elektrischen Lampen und Strahlern schätzen und messen.
d) Energieerzeugung: Solardach und Wechselrichter anschauen

3. Tag:

Anspiel Sonnenkinder contra Dunkelmann
In Gruppen:
A) Teig vorbereiten für Kuchen
B) Große Sonne gemeinsam malen vor dem Eingang
C) Mit Lichtmessgerät Helligkeit (Lux) messen
Energie effizient nutzen und einsetzen
Stromdetektiv und Stromverbrauch
Experimentier-Koffer nutzen
Pause
Solarfahrzeuge basteln (Auto)
Die Fahrzeuge werden durch Solarzellen bewegt
Damit Solarwettrennen durchführen (falls die Sonne nicht scheint mit Hilfe starker Taschenlampen)

Zum abschließenden Sonntagsgottesdienst
‚Die Sonne und ihre Kraft' luden wir die Kinder mit ihren Familien ein

Verlauf:
Begrüßung
Eingangsliturgie
Lied Der Himmel geht über allen auf… mit Bewegung
Ps 19 Nr. 708
Dann den Psalm durch Kinder mit Text von Jörg Zink darstellen lassen.
Kinder dazu mit Sonnenmasken, Sonne in Gelb, Mond in weiß
Kyrie: Manchmal verfinstert Ärger unser Leben wie dunkle Wolken. Die wollen wir Gott anvertrauen -
damit die Sonne wieder über uns scheint.
Gott nimm unseren Kummer von uns und lass die Freude wieder in unserem Leben aufscheinen.
Herr erbarme dich…
Gloria: Gott lässt seine Sonne aufgehen über Bösen und Guten…
Gebet: Wie die Sonne am Himmel lass uns deine göttliche Wärme und Liebe in uns aufnehmen, dass wir von Deiner Gegenwart gestärkt werden und aus der Unruhe zu Deinem Frieden finden. Darum bitten wir…
Lied: Vom Aufgang der Sonne….

Ansprache:

Anspiel vom 1. Tag, dann:
Froh und stolz ein Sonnenkind zu sein. Was heißt das eigentlich?
Zunächst einmal: Wir alle leben mit und von der Sonne am Himmel.
Die ist ganz wichtig!
Wofür denn?
Z. B. für die Pflanzen und Bäume, dass sie grüne Blätter bekommen, blühen und wachsen.
Hier in Kaichen gibt es viel Landwirtschaft. Die Äcker, Felder und Wiesen brauchen die Sonne. Sonst würde nichts wachsen, z.B. kein Weizen zum Essen, kein Raps fürs Öl, keine Zuckerrüben, kein Mais.
Ohne Sonne kein Wachstum.
Stellt euch mal vor wie würde unsere Welt aussehen, wenn die Sonne nicht jeden Morgen wieder kommen würde. Wenn die Sonne mal für ein paar Wochen streiken würde, wenn die woanders hinziehen würde, dann, ja was wäre dann? Wie würde es dann auf unserer Erde aussehen?

Zunächst einmal würde es schrecklich dunkel sein, nicht nur nachts, sondern auch tags, ja es gäbe nur noch dunkle Nacht, es gäbe auch keinen Mond mehr.
Und ihr wisst: nachts ist es kälter als tags bei Sonnenschein.
Ohne Sonne würde es immer kälter auf der Erde werden, schrecklich kalt, dass Wasser würde frieren und wir würden vor Kälte und Hunger nicht mehr lange leben.
Wir können also der Sonne sehr dankbar sein, wir können Gott sehr dankbar sein, dass er uns jeden Tag die Sonne schickt.
Wir haben uns in den Tagen mit der Sonne näher beschäftigt, wir haben mit dem Licht der Sonne experimentiert und es auch gemessen.
Fangen wir mal ganz einfach an. Hier haben wir ein kleines Solarmodul, das Sonnenlicht aufnimmt und in Kraft umsetzt. Das glaubt ihr nicht? Nun, wir schließen das Solarmodul mal an einen kleinen Propeller an, schauen ob der sich bewegt. Da es hier am direkten Sonnenlicht fehlt, nehmen wir als Ersatz starkes elektrisches Licht. Sieh da, es tut sich was…
Licht hat also Wirkung, es kann Propeller bewegen. Licht kann auch Pflanzen bewegen, bringt sie zum Wachsen und zum Blühen.
Licht kann man auch messen, mit besonderen Geräten wie diesem hier. Lichtmessungen durchführen….
Selbst wenn die Sonne nicht unmittelbar scheint, sondern von Wolken verdeckt ist, haben wir Licht, genügend Licht um zu sehen, zu lesen und uns zu orientieren.
Schon in diesem Sinne sind wir alle Sonnenkinder. Das gilt noch in einer anderen besonderen Weise. Wer hätte denn da eine Idee, was das meinen könnte?
Wir haben die Sonne nicht nur oben am Himmel, sondern hoffentlich auch noch woanders sitzen.
Wenn ich z.B. den Jakob anschaue, unser Sonnenkind, dann kann man sagen der strahlt wie … die Sonne!
Was ist das denn für eine Sonne, die da auf den Gesichtern leuchtet?
Das ist nicht die äußere Sonne, das ist die Sonne im Herzen - die innere Sonne. Wie die Sonne am Himmel, so scheint bei uns auch eine Sonne im Herzen – hoffentlich!
Aber wie die Sonne am Himmel manchmal durch Wolken verdeckt sein kann, so kann das auch mit der Sonne in unseren Herzen sein.
Die will leuchten, aber manchmal ist sie verdeckt und verdunkelt.

Z.B. wenn Ärger oder Traurigkeit oder sogar Wut durch unser Herz ziehen. Dann wird es in unseren Herzen dunkel.
Habt ihr das schon mal erlebt?...
Ja, willst du erzählen?...
Ganz wichtig ist, sich nicht von der Wolke Traurigkeit oder der Wolke Ärger forttragen zu lassen in das Reich der Dunkelheit.
Wie am Himmel die Sonne scheint, so lass auch in deinem Herzen die Sonne scheinen, von innen her leuchten. Dann wird dein Gesicht strahlen.
Dabei will uns von oben einer helfen, der zugleich ganz nah bei uns ist.
Gott ist das, der will dabei helfen.
Der schickt dir Kraft ins Herz, damit du auch von innen her strahlst und lachst.
Das sollt ihr nicht vergessen:
Ihr alle, wir alle sind bei Gott Sonnenkinder.
Selbst wenn wir das nicht fühlen, wenn ihr mal traurig seid.
Pass auf, dass du dein Herz nicht von dunklen Wolken forttragen lässt.
Denk immer daran: Mit der Kraft von oben im Herzen, mit Gottes Sonnenkraft bist du ein Sonnenkind, bin ich ein Sonnenkind:
Das ist doch sonnenklar!
Wir alle miteinander sind für Gott Sonnenkinder. Darum lässt er jeden Tag seine Sonne über uns aufgehen.
Nachsprechen und Bewegungen dazu machen:
Mit Gottes Kraft im Herzen bin ich ein Sonnenkind.
Das ist doch sonnenklar!
Und wie ist das mit dem Nächsten neben dir?
Auch das ist ein Sonnenkind.
Nachsprechen und Bewegung machen:
Auch du bist ein Sonnenkind! Das ist doch sonnenklar!
Nachsprechen und Bewegung machen:
Wir alle sind miteinander und füreinander Gottes Sonnenkinder.
Lied: Vom Aufgang der Sonne, mit Bewegung, dazu im Kreis aufstellen
Fürbitten:
Gott des Himmels und der Erde,
du lässt Deine Sonne aufgehen jeden Tag aufs Neue.
Dafür danken wir Dir. Lass uns Deine Kraft tief in uns aufnehmen, Wärme und Zufriedenheit tanken, damit wir im Leben miteinander freundlich und sonnig umgehen.
Ja, Gott das wäre toll…

Wir bitten für alle, denen es an Wärme und Sonne fehlt, deren Leben dunkel geworden ist, die keinen Menschen und keine Freude haben, dass sie Menschen begegnen, die für sie wie die Sonne sind.
Ja Gott, das wäre toll…
Wir beten für alle, die traurig und krank sind, dass Heilung auf sie zukomme wie die Sonne und sie neuen Mut und Zuversicht schöpfen.
Ja Gott, das wäre toll…
Lied: Danke
Segen

Überleitung zum Solarautorennen:
In den Tagen als wir uns mit der Sonne beschäftigt haben, da erschien ein ganz fieser dunkler Mann, ein Dunkelmann. Der wollte doch tatsächlich die Sonnenkraft für viel viel Geld aufkaufen. Der wollte die Sonne kaufen, um sie vor den Menschen zu verbergen. Aber die Sonnenkinder Jakob und Niels haben das nicht zugelassen. Die haben den Dunkelmann angeschrien: „Scher dich zum Teufel!"
Da ist der Dunkelmann verschwunden und die Sonnenkraft wurde gerettet, damit wir alle die Sonne weiter miteinander teilen.
Was man mit der Sonne so alles machen kann, davon noch ein Beispiel.
Wir haben Solarautos zusammengesetzt und die fuhren um die Wette – natürlich mit der Kraft der Sonne!
Davon wollen wir gleich im Anschluss draußen noch eine Anschauung geben.
Vielleicht hat euch Kindern die Sonne mit ihrer Kraft so fasziniert, dass jemand von euch später mal mit der Sonne arbeiten, zum Sonnentechniker oder Solaringenieur wird. Denn eins ist schon heute klar:
Es lebt sich einfach besser mit der Sonne am Himmel und mit Sonne im Herzen.
Das ist doch SONNENKLAR!
Und nun auf zum Solarautorennen mit den Rennteams:
Sonnenalarm, Sonnenkraft, Sonnenrally.

Wichtig war mir bei den Kindern ein positives Bewusstsein zu schaffen indem sie sich als Sonnenkinder Gottes begreifen. Ich wollte zudem darauf hinweisen wer von der Sonnenkraft fasziniert ist, der kann später einen entsprechenden Beruf ergreifen, sei es als Sonnentechniker, als Solarinstallateur, die inzwischen ja dringend gesucht werden.

Der Bericht für die Zeitung lautete:

Die Sonne und ihre Kraft
Kinder entdecken wie vielfältig die Sonne genutzt werden kann

Sonnenwärme, Sonnenstrom, Sonnenofen, Sonnenkuchen und Solarautos brachten Jung und Alt zum Staunen.

Unter dem Motto „Die Sonne und ihre Kraft" stand in Steeden eine dreitägige Veranstaltung, an der 20 Kinder teilnahmen. Eine Sonnenfingerheizung wurde aus Papier und Alufolie gebastelt, die den Finger in der Sonnenheizung weit schneller erwärmte als die übrigen Finger.
Jeden Tag gab es ein Anspiel, in dem Sonnenkinder die Möglichkeiten der Sonne entdeckten. ‚Die Sache mit dem Licht – wie alles anfing', lautete der Titel zum ersten Tag. Dazu passend wurde ein Modell unseres Sonnensystems mit Planeten aus Styroporkugeln gebastelt.
Der zweite Tag handelte davon als Kinder des Lichts zu leben.
Das wurde mit praktischen Beispielen und Versuchen umgesetzt. Sonnenuhren entstanden, in einem schwarzen Kasten wurde Wasser erwärmt und ein Solarbackofen vorgestellt. Darin wurde der leckere Solarkuchen zubereitet, den die Kinder gern verzehrten.
Am dritten Tag erschien beim Anspiel ein Dunkelmann, der den Sonnenkindern die Kraft der Sonne abkaufen und sie verstecken wollte - um weiterhin Kohle und schwarzes Gold (sprich Öl) teuer verkaufen zu können. Aber die Sonnenkindern vertrieben den Dunkelmann erfolgreich: ‚Scher dich zum Teufel' - da verschwand der Dunkelmann. Die Sonnenkraft wurde gerettet – damit wir alle die Sonne weiter miteinander teilen und nutzen können. Wie aktuell das ist, zeigt das Vorhaben der Bundesregierung Sonnenlicht besteuern zu wollen.
Erfolgreich experimentierten die Kinder mit der Kraft der Sonne.
Eine kleine Solarzelle wurde an einen Propeller angeschlossen, der sich sehr schnell drehte als die Solarzelle in die Sonne gehalten wurde.
Die Kinder probierten wie mit Solarzellen elektrisches Licht erzeugt und in einem Akku gespeichert werden kann.
Höhepunkt war der Bau kleiner Solarautos, die aus Teilen zusammengesetzt wurden. Die winzige Solarzelle oben auf dem Dach reichte, um ein Auto in der Sonne ordentlich flitzen zu lassen. Spannend war das Solarautorennen bei dem Colin Kurz als Sieger hervorging. Wenn die Sonne nicht scheint, kann man sich mit starken Taschenlampen oder einem Baustrahler behelfen.

In den drei Tagen erlebten die Kinder wie vielfältig die Sonne genutzt werden kann. Selbst Erwachsene staunten was mit der Sonne heutzutage alles möglich ist: wärmen, backen, Strom erzeugen, beleuchten und sogar mobil unterwegs sein mit der Sonne.
Für Sonnenkinder ist das Fazit klar: als Kinder des Lichts zu leben.
Denn mit der Sonne am Himmel und mit Sonne im Herzen lebt es sich einfach besser. Das ist SONNENKLAR!

Vorgestellt wurde in den Tagen auch eine Solarlampe, für deren Verbreitung sich die Kirchengemeinde Steeden in Zukunft einsetzen wird. ‚Aktion Lichtbringer' lautet das Projekt, das im Herbst anlaufen wird. Den Ärmsten der Welt soll geholfen werden gesundheitsschädliche Petroleumlampen durch Solarlampen zu ersetzen.
Das ist gut – für Mensch und Umwelt.
Der Sonne mit ihrer Kraft sei Dank – das ist SONNENKLAR!

Dunkelmann will Sonnkraft abkaufen

Experimente mit PV

Solarautorennen

Liturgisches

In diesem Kapitel will ich einige Überlegungen und Textbeispiele anführen, um Solar-Erntedank zu feiern. Diese mögen als Anregung dienen, die Feier der Solar-Ernte zu gestalten und unseren Dank dafür gebührend zum Ausdruck zu bringen.

Hildegard von Bingen

Die große Kirchenlehrerin des Mittelalters vermochte in Bildern aus der Natur geistliche Erfahrungen auszudrücken. Das macht sie für unseren liturgischen Teil besonders interessant. Denn bei Erntedank und Solar-Erntedank geht es nicht darum, die Sonne und den Wind anzubeten, sondern unseren Dank für diese auszudrücken und vor Gott zu bringen. Mehr noch: Hildegard verstand sich auch darauf, Sonne und Wind in einen größeren Zusammenhang einzubetten, den Bogen zu spannen zwischen dem Irdischen und Geistlichen. Der bei ihr dabei entscheidende Begriff lautet VIRIDITAS, die lebendige Grünkraft, „eine Kraft, die im Kosmos, in der Natur, im Körper des Menschen und in seiner Seele wirkt und die geistig-geistliche Welt umfasst.“[23] Viriditas „hat ihre Wurzeln im Jenseits Gottes, für den die Sonne ein Sinnbild ist.“[24]
„Viriditas kommt durch das Licht der Sonne in die Welt.“[25]
In einem ihrer Lieder heißt es dazu:
„O edelstes Grün, in der Sonne du wurzelst,
du leuchtest in strahlender Helle im Kreise,
den irdisches Sinnen und Sein noch so hoch kann niemals erfassen.
Umfangen wirst du von den Armen der Geheimnisse Gottes.
Du schimmerst wie Morgenrot, brennst wie die Sonnenglut.
Du Grün bist umschlossen von Liebe.“[26]
Quelle der Viriditas ist der Heilige Geist. Durch ihn „wogen die Wolken und fliegen die Lüfte, … bringen Quellen die Bäche hervor, lässt sprossen die Erde das Grün“.[27]
Wenn wir für die Ernte danken, für Lebensmittel und Energie, so verdanken wir das nach Ansicht von Hildegard der Viriditas „sie ist die treibende Kraft in den Prozessen in der Natur.“[28] Diese Kraft, Viriditas kommt direkt von Gott was Hildegard mit den Worten zusammenfasst:
„O Grünkraft aus Gottes Hand“.[29]
„Kein Baum blüht ohne Grünkraft“.[30]

Kräutermandala

© Lucy D'Souza-Krone

Das Auge der göttlichen Weisheit blickt auf die Erde,
die uns mit ihren Kräutern ernährt und heilt.
„Der Herr schaute zur Erde und füllte sie mit seinen Gütern an.“
(Sirach 16,29)
Auf das Auge in der Mitte folgen Pflanzen der Bibel: Weizen, Trauben, Gerste, Oliven, Feigen, Datteln und Granatäpfel.
Dann folgen ayurvedische Heilkräuter: Amla, Bharmi (Kleines Fettblatt), Haritakj, Licorice (Süßholzwurzel). Daran reihen sich viele weitere Kräuter. Bewahren wir die Pflanzenvielfalt samt Bienen, Insekten, Schmetterlingen, Vögeln und all den anderen. Auf Erden wächst alles um Menschen und Tiere zu nähren und zu heilen. Die biblische Weisheit lädt uns ein im Einklang mit der Schöpfung zu leben.

„Es gibt eine Kraft aus der Ewigkeit und diese Kraft ist grün.“
Hildegard von Bingen

Viriditas ist „einerseits die Wirkkraft in der Natur und im Menschen, andererseits ist sie eng verbunden mit der Lebenshaltung, mit der Tugend“[31] da „auch die Gaben des Heiligen Geistes dem Herzen des Menschen diese grünende Lebensfrische eingießen...“[32] „Wenn der Mensch indes die grüne Lebenskraft dieser Tugenden aufgibt und sich der Dürre seiner Nachlässigkeit überlässt, so dass ihm der Lebenssaft und die Grünkraft guter Werke fehlen, dann beginnen auch die Kräfte der Seele selbst zu schwinden und zu dörren.“[33] „Viriditas muss immer wieder regeneriert werden durch Demut, Barmherzigkeit und Liebe. Diese Tugenden können die geschwächte VIRIDITAS wieder zur Wirkung bringen“[34] sozusagen durch einen geistlichen Reset. Denn „in reumütiger Gesinnung lässt sie (sc. die Seele) ihn (sc. den Menschen) alle grünende Lebensfrische der Tugenden in sich sammeln.“[35] Darum mahnt Hildegard: „Achte … mit Sorgfalt darauf, dass … die grünende Kraft, die du von Gott hast, in dir nicht dürr wird.“[36] Gottes Wirken in der Natur als auch im Menschen zielt auf Wachsen, Grünen, Blühen, Früchtetragen. „Blühen und Licht bedingen sich gegenseitig. So gehört zu VIRIDITAS das Leuchten in strahlender Helle, oder wie andere übersetzen: in klarer Heiterkeit, verbreitet Klarheit und Tugend. Wenn Menschen bewusst leben und Maß halten, Gerechtigkeit und Barmherzigkeit, Geduld und Demut üben, sind sie erfüllt von der Grüne, der VIRIDITAS.“[37]

Mit diesen Gedanken zu Hildegard von Bingen ist der Bogen gespannt von der Schöpferkraft Gottes zu den Elementen, zu Sonne, Wind und Wasser und zu uns Menschen, die sorgsam darauf achten sollen, dass die grünende Kraft, die wir von Gott haben, in uns nicht dürr wird und auch das Leben auf Erden nicht verdorrt, sondern aufblüht und gedeiht durch unser tugendhaftes Verhalten. Das ist der Horizont in dem die Feier von Solar-Erntedank seinen Ort hat.

Aus der indischen Tradition: Die Veden, Upanishaden und Bhagavad Gita

Werfen wir nun einen Blick auf die alte indische Tradition.
In dem epochalen Werk von Raimundo Panikkar „The Vedic Experience“ ist zu Sonne und Wind folgendes zu lesen: „Wirklichkeit.... besteht vollständig aus Licht, und diese Aussage ist nicht nur bildlich zu verstehen. Licht leuchtet überall, denn alles, was ist, besteht aus Licht. Licht ist Sein.

Wo es Dunkelheit gibt, gibt es kein Licht und kein Sein.[38]
Wenn Licht „die Kraft der Zeugung" (Taittiriya Samhita VII,1,1,1) ist und Surya, die Sonne, „das lebendige Prinzip [atman] von allem" (Rg Veda I,115,1) ist, heißt das, „Licht kann nicht als 'Ding' lokalisiert oder bestimmt werden, sondern es ist vielmehr die innere Struktur der Realität selbst. Die Veden bringen diese Einsichten zum Ausdruck, indem sie einfach die Pracht der Götter, die Herrlichkeit des Göttlichen preisen."[39] (Panikar 315) „Das Formlose ist das Wirkliche; es ist Brahman; es ist Licht", heißt es in einer Upanisad (Maitri Upanishad VI,3) und eine andere bekräftigt, es „ist dasselbe, das im Menschen leuchtet". (Chandogya Upanishad III,13,7) „Jener Glanz, der von der Sonne kommt, der diese ganze Welt erleuchtet, der im Mond und im Feuer ist - erkenne diesen Glanz als auch den meinen."[40]
In Vers 13 heißt es dann: „Nachdem ich in die Erde eingedrungen bin, erhalte ich die Geschöpfe durch Lebenskraft. Alle Kräuter lasse ich gedeihen indem ich zum nährenden Pflanzensaft geworden bin."[41]

Das Höchste Licht Jyotir uttamam. RV I,50 (Rg Veda)

1. Seine leuchtenden Strahlen stellen nun den Gott vor,
der alles Lebendige kennt, dass alle die Sonne sehen können.
2. Die düstere Nacht begleitend,
stehlen sich nun die Sterne wie Diebe davon
bei der Annäherung der alles sehenden Sonne.
3. Ihre verkündenden Strahlen werden von weitem gesehen,
leuchten auf die Häuser der Menschen wie Feuerzungen,
wie Feuerzungen, die brennen und lodern.
4. Schnell und schön bist du,
Oh Sonne, Schöpferin des Lichts,
die den ganzen strahlenden Himmel erhellt.[42]

Die Freude eines jeden einzelnen Auges RV X,37

4. Durch dein Licht, o Sonne, das die Finsternis vertreibt,
durch deine Strahlen, die die ganze Schöpfung erwecken,
vertreibe aus unseren Herzen alle Trägheit, alle Vernachlässigung
Vernachlässigung des Gottesdienstes, allen Kummer und böse Träume.
8. Oh weitsichtige Sonne, Trägerin des Lichts,
die Freude jedes einzelnen Auges, mögen wir leben, um deinen herrlichen

Glanz zu sehen wenn du in die Höhe aufsteigst!
9. Leuchtest Du, tauchen alle Lebewesen auf.
Verschwindest Du, sie gehen zur Ruhe.
Erkenne unsere Unschuld, oh goldhaarige Sonne,
erhebe dich; lass jeden Tag besser sein als den letzten.
10. Segne uns durch deinen Blick, deine Helligkeit und deinen Glanz.
Segne uns in der Kälte und in der Hitze. Oh Sonne,
schenke uns Segen zu Hause und auf Reisen,
beschenke uns mit deinem wunderbaren Schatz.
11. Beschütze unsere beiden Spezies, die zweibeinigen und die vierbeinigen.
Versorge beide mit Nahrung und Wasser für ihre Bedürfnisse.
Mögen sie mit uns an Statur und Kraft zunehmen.
Bewahre uns vor Schaden all unsere Tage, oh Mächte![43]

Die Morgendämmerung verschmäht keinen, ob niedrig oder mächtig
RV I,124,1

Die Morgendämmerung erstrahlt beim Anzünden des Feuers.
Wenn die Sonne aufgeht, wird das Licht verbreitet.
Der inspirierende Gott schickt uns nun hinaus,
sowohl zwei- als auch vierbeinige, jeden zu seiner eigenen Aufgabe.[44]

Wind:

„Die Veden verweisen eindeutig auf die Wohltaten des Windes und bitten darum, dass diese Segnungen fortgesetzt werden. Besonders auffällig ist der religiöse Ton der Hymnen und ihre Aufforderung, in die kosmogonischen Ursprünge einzutauchen und die transzendente Bedeutung der Naturphänomene zu entdecken. ... Was über den Wind gesagt wird, könnte auch über den Geist gesagt werden .... Denn niemand weiß, wohin er geht und woher er kommt: Er wandert frei, wird gehört, aber nicht gesehen, ist unsichtbar, kann nur gefühlt, erlebt, gespürt werden, ohne dass er begriffen oder verstanden wird."[45]

Das Wehen des Geistes RV X, 168

1. Oh, der Wagen der Winde, seine Macht und seine Herrlichkeit!
Er fährt krachend vorbei.
Die Blitze streifen, Staub erhebt sich auf der Erde.
Der Wind zieht vorbei.

2. Die Heerscharen des Windes eilen hinter ihm her,
wie Frauen, die sich versammeln.
Dieser König der Welt zieht sie hoch in seinem Wagen
durch erhabene Regionen.
3. Er eilt auf den Pfaden der Luft, er ruht nicht
und schlummert auch nicht einen Tag.
Erstgeborener, der Freund des Wassers, der Gerechte, woher kommt er?
Wie wurde er geboren?
4. Atem der Götter und Lebenskeim des Universums,
frei wandert er.
Wir bringen ihm unsere Huldigung, dessen Stimme man hören kann
doch seine Gestalt ist nicht zu sehen.[46]

Die Gaben des Geistes RV X, 186
1. Möge der Wind uns Heilung bringen,
unsere Lebensspanne verlängern,
und unsere Herzen mit Trost erfüllen!
2. Du bist unser Vater, oh Wind,
unser Freund und unser Bruder,
gib uns Leben, damit wir leben können.
3. Von dem unsterblichen Schatz, o Herr,
der in deiner Wohnung verborgen ist,
gib uns, dass wir leben können.[47]

Im Rückblick auf Hildegard und die alten indischen Überlieferungen ist festzuhalten, dass das Licht der Sonne eine wichtige Rolle spielt, es nicht nur irdisch als Sonnenschein zu begreifen ist, sondern zugleich auch für die Welt Gottes steht.
Zudem wird jeweils von Lebenskraft (bzw. Lebenssaft, Grünkraft, Pflanzensaft) gesprochen und dies mit der Sonne und dem Göttlichen in Verbindung gebracht.
Ebenso auffällig ist, dass Wind sowohl bei Hildegard wie auch in den Veden mit dem Geist in Verbindung gebracht wird, so wie auch schon im Alten Testament ruach sowohl Wind als auch Geist bedeuten kann.

Kirchenvater Ambrosius

Schon der Kirchenvater Ambrosius preist im 4. Jahrhundert die Sonne überschwänglich: „Die Sonne ist das Auge der Welt, die Freude des Tages,

die Schönheit des Himmels, die Anmut der Natur, das Juwel der Schöpfung. Denke, so oft du sie schaust, an ihren Meister! Preise, so oft du sie bewunderst, ihren Schöpfer!“[48]
Vom Schöpfer zur Schöpfungssonne und von dort zur Schöpfungswonne…. ist der Weg nicht weit.
Vgl. dazu die anregenden Überlegungen von Hanna Strack.[49]

Gregor von Nazianz

Du bist erhaben über die ganze Schöpfung. Wie kann ich dich loben? Wie können Worte dich rühmen? Wie kann ein Verstand dich begreifen? Du allein bist unaussprechlich. Und doch ist alles, was sprechen kann, das Werk deiner Schöpfung. Du allein bist unerkennbar. Und doch ist alles was erkannt werden kann, das Werk deiner Schöpfung.
Alle Geschöpfe lobpreisen dich mit lauter Stimme, jene welche sprechen können und jene, welche nicht sprechen können. Alle Geschöpfe rühmen dich, jene welche denken können und jene, welch nicht denken können. Ja, vor dir vereinen sich alle Wünsche und alle Leiden der Menschen. Alle Geschöpfe beten zu dir, jedes Wesen, das deine Zeichen zu erkennen vermag, stimmt ein Loblied an.

Gregor von Nazianz (ca.329 – 390)[50]

Der Sonnengesang des Franz von Assisi

Dieses Lied gilt als klassisch in Bezug auf die Schöpfung. Franziskus hebt hier die schön und in mächtigem Glanz strahlende Sonne als ein Gleichnis für die Herrlichkeit Gottes hervor.

Sei gepriesen, mein Herr, mit allen Deinen Geschöpfen,
vornehmlich unserer Schwester, der Sonne,
sie bringt uns den Tag und das Licht.
Schön und strahlend in mächtigem Glanz
ist sie ein Gleichnis Deiner Herrlichkeit.
Sei gepriesen, mein Herr,
durch unseren Bruder, den Mond und die Sterne.
Du hast sie am Himmel gebildet, sie leuchten kostbar und schön.
Sei gepriesen, mein Herr, durch unseren Bruder, den Wind,
durch Luft, Wolken und jegliches Wetter,
durch welches Du Deinen Geschöpfen Dauer verleihst.
Sei gepriesen, mein Herr, durch unsere Schwester, das Wasser.

Es ist nützlich und einfach, so köstlich und rein.
Sei gepriesen, mein Herr, durch unseren Bruder, das Feuer,
durch welchen Du die Nächte erleuchtest.
Schön ist es und lebendig, kraftvoll und stark.
Sei gepriesen, mein Herr, durch unsere Schwester, die Mutter Erde,
welche uns nährt und erhält, die viele Früchte hervorbringt,
bunte Blumen und Kräuter.
Sei gepriesen, mein Herr,
durch jene, die verzeihen um deiner Liebe willen
und Krankheit ertragen und Drangsal.
Selig jene, die solches ertragen in Frieden,
denn von dir, Höchster, werden sie gekrönt.
Sei gepriesen, mein Herr,
durch unsere Schwester, den leiblichen Tod;
ihm kann kein Mensch lebend entrinnen.
Wehe jenen, die in tödlicher Sünde sterben.
Selig jene, die er findet in deinem heiligsten Willen,
denn der zweite Tod wird ihnen kein Leid antun.
Lobt und preist meinen Herrn
und dankt ihm und dient ihm mit großer Demut.

Iona-Kommunität/Schottland
Wir loben dich

Gott der Schöpfung, wir loben dich für die Wunder deiner Welt;
für die Schönheit von Erde, Himmel und Meer,
für die wiederkehrenden Rhythmen der Zyklen und Jahreszeiten,
für die wechselseitige Abhängigkeit aller Lebewesen.

Vergib uns:
wenn wir die Schönheit, die du geschaffen hast, besudelt haben,
wenn wir die Zyklen von Erde und Klima gestört haben,
wenn wir unsere Verbindung mit deiner Welt unterbrochen haben.

Gott, der in der Schönheit und Verletzlichkeit der Welt wohnt,
vergib uns;
und in deiner großzügigen Liebe
hilf uns, mit dir zusammenzuarbeiten
für die Erneuerung der Erde.
Jan Berry[51]

Eigene Texte

Lob auf Gottes belebende Grünkraft

Dich loben wir und preisen Deine Schöpferkraft,
die sich in der strahlenden Sonne tagtäglich aufs Neue manifestiert.
Unglaublich ist die Kraft Deiner Sonnenstrahlen.
Durch Photosynthese trägt die Erde ein grünes Kleid,
schafft Wachstum und Nahrung für Mensch und Tier
und CO_2 wird dabei in Sauerstoff gewandelt,
den wir zum Atmen und zum Leben brauchen.
Schon Hildegard von Bingen preist Deine grüne Lebenskraft,
die in der Sonne wurzelt und in strahlender Fülle leuchtet,
die menschliches Ermessen und Sinnen bei weitem übersteigt.
„O edelstes Grün, in der Sonne du wurzelst,
du leuchtest in strahlender Helle im Kreise,
den irdisches Sinnen und Sein noch so hoch kann niemals erfassen.
Umfangen wirst du von den Armen
der Geheimnisse Gottes.
Du schimmerst wie Morgenrot,
brennst wie die Sonnenglut.
Du Grün bist umschlossen von Liebe[52]

Deine lebendige Grünkraft, die Hildegard als Viriditas preist,
kommt direkt aus Deiner Hand
und lässt auf Erden sprießen das grünende Gewand.
Dein Wirken im Kosmos und Natur,
in Pflanzen, Tieren und Menschen,
im Großen wie im Kleinen,
im Groben wie im Feinen,
im unbeseelten wie auch im beseelten Leben der Kreaturen,
zielt auf Wachsen, Grünen, Blühen, Früchte tragen.
Lass auch uns an Leib und Seele grünen,
und das rechte Maß aufs Neue wieder finden,
unseren Fußabdruck auf Erden verkleinern,
voll Tugend Gerechtigkeit und Barmherzigkeit üben,
besonnen und mutig eintreten,
viele Sonnenstrahlen in elektrischen Strom wandeln,
auf dass die Erde von der fossilen Pest befreit werde
und Deine heilmachende Grünkraft sich auf Erden wieder voll entfalte.

Die Erde ist uns anvertraut

Die Erde ist uns zur Fürsorge anvertraut.
Aber die ganze Schöpfung stöhnt und wartet sehnlich darauf,
dass die Herrlichkeit der Kinder Gottes offenbar werde.
Christus hat einen hellen Schein in unsere Herzen gegeben,
auf dass die Herrlichkeit Gottes sich in uns spiegele.
Aber können wir angesichts einer brennenden Erde
uns selber noch ins Gesicht schauen,
uns, in denen sich die Herrlichkeit Gottes spiegeln sollte?
Wie ist es um uns bestellt,
welch Dunkelheit hat sich in unseren Herzen breitgemacht,
wie hartherzig sind wir geworden?!
Wir bitten Gott, unseren Schöpfer,
schenke uns Weisheit des Herzens,
um Deinen Glanz in der Schöpfung wieder wahrzunehmen.
Lass Deine Herrlichkeit wie die Morgensonne in uns aufleuchten,
damit wir mit Sonne von oben und Sonne im Herzen
uns als würdig erweisen Deine Ebenbilder zu heißen.

Mutter Erde

O geliebte und in Ehren zu haltende Erde!
Du unsere Mutter nährst uns mit süßen kostbaren Früchten,
schenkst uns Blumen und Heilpflanzen.
Aber wie haben wir auf Deine Liebe geantwortet?
Ausgebeutet und verschmutzt,
geplündert und ruiniert haben wir Dich
und vergessen dabei: Nicht Dir sondern uns selber tun wir das an!
Mögen wir Zuversicht finden, dass Du, werte Erdmutter, uns lehren willst
umzukehren von unserer Gier und unserem Stolz
zu einem einfachen fruchtbaren Leben
im Einklang mit der ganzen Schöpfung!

Lobpreis und Gruß auf die Sonne, auf Surya

O Du herrliche Sonne,
begrüßest seist Du,
die Du den Lauf der Planeten bestimmst,
Leben und Wachstum allen gibst.
Pflanzen, Tiere und Menschen baden in Deinem Licht,
ohne Dich gäbe es kein Leben für uns.
Dein Aufstrahlen lässt uns den Tag beginnen,
Dein Emporsteigen am blauen Himmel ruft uns zu unseren Aufgaben,
Dein Entschwinden lädt zur Abendruhe ein.
Küsst Du die Samen mit Wärme, so keimen und wachsen sie,
mit Viriditas, mit Grünkraft, erfüllst Du jedes Blatt und Gewächs.
Alle Früchte und Blumen reagieren auf Dein Licht und Deine Wärme.
Unser Vitamin D kommt von Deiner gottgegebenen Kraft,
lass uns Deiner Stärke bewusst sein.
Weit entfernt von Dir leiden wir,
nahe, zu nahe bei Dir verbrennen wir.
Deine kostbaren Strahlen senden uns Energie,
wir können sie gut gebrauchen im Haus und im Land.
Photovoltaik hilft uns, Deine Strahlen zu nutzen und zu speichern
und unseren Planeten zu einem Ort zu machen,
wo die Flüsse (wie Psalter) in die Hände klatschen
und die Bäume im Wald vor Freude jauchzen.[53]
O Sonne, Dein Licht ermöglicht Erkenntnis und Weisheit,

Surya, die Du am Himmel prächtig entlang ziehst
wie mit einem von sieben Pferden gezogenem Gespann,
Dir gilt unser Gruß und Lob.

Lass in dem Garten wieder Schönheit blühen

Du, Gott der Sterne und der Milchstraße,
dieser unser wunderbarer blauer Planet ist Deine Gabe.
Lass uns für deinen Garten sorgen und die Erde in Ehren halten.
Denn gedankenlos und brutal ist unsere Gier,
mit der wir den Reichtum des irdischen Gartens zerstören,
seine Gaben verschleudern und ihm keine Ruhe gönnen.
Urwälder und Meere werden geplündert
von einer fossilen Wirtschaft, die tötet.
Heruntergewirtschaftet wird das Land zur Steppe,
der Gesang der Vögel erstirbt,
die Flüsse führen verseuchtes Wasser,
die Gewässer sind voller Plastikabfälle.
Darum bitten wir:
Lass in dem Garten wieder Schönheit einziehen und erblühen,
Luft, die nach Frieden duftet, Sonnenlicht hell und mild,
weise uns den Weg in eine Zukunft voller Hoffnung,
befreit von den Plagen der Zerstörung durch Kohle, Öl und Gas.
Denn heilig ist das Leben, es ist ein Ganzes,
durch das wir alle miteinander verbunden und gesegnet sind.

Im Zeichen des Regenbogens ergrüne die Erde aufs Neue

Die Erde, ein Ort des Lebens,
grün blauer Garten inmitten des Weltraums.
Aber die Begrünung des Lebens hier auf Erden
verkommt und erstirbt in unserer Obhut.
Der Garten Gottes entehrt und zerstört,
so steht es um den Bund
mit Noah im Zeichen des Regenbogens geschlossen.
Mit Kohle, Gas und Öl triumphieren menschliche Gier und Unvernunft,
zurück bleiben zerstörte Landschaften
und die Hinterlassenschaften von Feuer, Flut und Dürre.
Die ganze Schöpfung stöhnt, Ernten verdorren

und die Armen leiden am meisten darunter,
Klimamigranten in großer Zahl, Dürre, Sturm und Hitzewellen.
Wann werden wir je verstehen und die Zeichen begreifen,
um auch in Zukunft auf Erden zu bestehen?
Wir bitten um eine weitere Chance
leben zu dürfen im Zeichen des Regenbogens,
damit die Erde in unserer Obhut nicht verkomme,
sondern in Deiner Kraft aufs Neue ergrüne
und Deine Schöpferkraft uns dazu alle beseele und stärke.

Gott helfe uns umzukehren

Betrachte mit Staunen die Schönheit der Erde,
lass all ihre Pracht einwirken auf dich,
spüre und erfreue dich an jeder Farbe im Jahreskreis,
an Wasser und Wüstensand bis hin zu den Sternen.
Begreift den Reichtum von dem wir leben,
jede Kreatur ist eingebunden in den Plan des Lebens,
hat Anteil daran mit Geben und Nehmen.
Darum haltet an, haltet inne,
schaut mit Erschrecken auf die Lebensströme, die wir zerstören!
Urwälder mit Vogelgezwitscher verschwinden,
Ozeane voller Fische und Korallen,
blühende Landschaften voll fruchtbarer Erde.
Wir sind die Unersättlichen und die Wurzel der Unruhe auf Erden,
die Piraten, die die Meere ausplündern,
die Gierigen ohne Maß und Verstand,
holen weiterhin Unmengen an Kohle, Öl und Gas
aus den Tiefen der Erde,
und verbrennen so die Zukunft unserer Kinder.
Gott, hilf uns inne zu halten und umzukehren,
die wir plündern, verschwenden und zerstören.
Hilf Deinen Kindern achtsam zu werden
für die Schönheit der Erde,
damit ihr Glanz wieder zur Geltung komme
und wir im Einklang und Frieden mit allem Lebendigen leben.

Stimmen zugunsten der Erde

Wann erheben sich die Stimmen zugunsten der Erde,
wann vernehmen die Ohren ihr Stöhnen,
das zunehmende Wutgeheul der Tornados und Zyklone?
Wann sehen die Augen den Schmerz
der durch Kohleabbau ausgeräumten Landschaften,
die gefällten und abgebrannten Wälder
und die Menge an Tränen, die sich über das Land
als Dauerregen ergießen, die Überschwemmung schaffenden Fluten?
Wie lange schlafen wir noch statt uns zu erheben,
um Konzerne in Pflicht und Verantwortung zu nehmen,
der menschbedingten Zerstörung entgegen zu treten?
Heilig ist der Boden aus dem die Saat wächst,
heilig die lautlos fallenden Schneeflocken,
die Gletscher und das arktische Eis,
heilig Flüsse und Ozeane, Wälder und Auen,
heilig die Erde, die Gott ins Dasein gerufen.
Heilig der Bund dessen Zeichen
der Regenbogen ist schon seit Noahs Zeiten.
Wenn wir den Bund brechen,
die Rhythmen von Sommer und Winter, von Frost und Hitze,
wie werden wir leben?
Und wie sollen unsere Kinder in Zukunft noch leben,
zurückgelassen mit den zerstörten Gaben Gottes?
Wir, wir sind die Stimmen zugunsten der Erde,
die wir weinen und uns einsetzen die irdische Pracht zu bewahren,
wir, die wir leben damit unser Planet nicht stirbt.

Texte unter Zuhilfenahme von ChatGPT
Gebete

Gott und die Sonne

Lieber Gott,
ich komme zu dir in Demut und Dankbarkeit, um dir für die Sonne zu danken. Du hast sie geschaffen, um Licht und Wärme auf unsere Erde zu bringen. Sie ist ein Zeichen deiner Liebe und Fürsorge für uns Menschen. Herr, ich danke dir für die Sonne, die uns jeden Tag mit ihrem strahlenden

Licht begrüßt. Sie erhellt unseren Weg und lässt die Welt um uns herum erstrahlen. Durch ihr warmes Licht können wir sehen und die Schönheit deiner Schöpfung bewundern.
Ich danke dir auch für die Energie, die die Sonne uns schenkt. Durch ihre Strahlen können wir Strom erzeugen, unsere Häuser beheizen und Wasser erwärmen. Die Sonne ist eine unerschöpfliche Quelle der Energie, die uns hilft, unseren Energiebedarf auf nachhaltige Weise zu decken. Hilf uns, die Kraft der Sonne zum Wohl aller einzusetzen.

Gott danken für die Energieernte

Lieber Gott,
ich danke dir von ganzem Herzen für die Möglichkeit Energie zu ernten. Du hast uns mit einer Vielzahl von natürlichen Ressourcen gesegnet, die es uns ermöglichen, unseren Energiebedarf zu decken und unser tägliches Leben zu unterstützen.
Ich bin dankbar für die verschiedenen Methoden der Energieernte, sei es durch Sonnenenergie, Windenergie, Wasserkraft oder andere erneuerbare Quellen. Durch sie können wir saubere und nachhaltige Energie gewinnen und gleichzeitig die Umwelt schonen.
Herr, ich danke dir für die Menschen, die sich mit der Erforschung und Entwicklung neuer Technologien zur Energieernte beschäftigen. Lass sie immer effizientere Methoden entwickeln, um unsere Abhängigkeit von fossilen Brennstoffen zu beenden.
Ich bitte dich auch um deinen Segen für all jene, die sich für eine nachhaltige Zukunft einsetzen und dass wir verantwortungsvoll mit unseren Energiequellen umgehen.

Dankgebet für Photovoltaik und Solarthermie

Lieber Gott,
ich danke dir von ganzem Herzen für die Technologien der Photovoltaik und Solarthermie. Du hast uns diese wunderbaren Möglichkeiten geschenkt, um die Energie der Sonne zu nutzen und unseren Energiebedarf auf nachhaltige Weise zu decken.
Ich bin dankbar für die Photovoltaikanlagen, die es uns ermöglichen, Sonnenlicht direkt in elektrische Energie umzuwandeln. Herr, ich danke dir auch für die Solarthermie. Durch sie können wir Gebäude beheizen und warmes Wasser nutzen, ohne dabei fossile Brennstoffe zu verbrauchen.

Ich bitte dich, verleihe allen Menschen, die an der Entwicklung und Installation von Photovoltaik- und Solarthermieanlagen beteiligt sind Schwung und Elan, um die Nutzung der Sonnenenergie voran zu bringen.

Gott danken für den durch Photovoltaik erzeugten Strom

Lieber Gott,
ich danke dir von ganzem Herzen für den durch Photovoltaik erzeugten Strom. Es ist ein wunderbares Geschenk. So können wir unseren Beitrag zum Schutz deiner wunderbaren Schöpfung leisten und einen positiven Einfluss auf unsere Umwelt haben.
Ich danke dir auch für die Möglichkeit, meinen eigenen Teil beizutragen, indem ich meinen Strombedarf mit Hilfe von Photovoltaik selbst decke. Hilf mir dabei, bewusst mit dieser Ressource umzugehen und sie verantwortungsvoll zu nutzen.

Dankgebet für die Sonne als Motor des Lebens

Lieber Gott,
ich danke dir von ganzem Herzen für die Sonne als Motor des Lebens. Du hast sie geschaffen, um Licht und Wärme auf unsere Erde zu bringen und damit das Leben in all seinen Formen zu ermöglichen.
Ich bin dankbar für die unendliche Energie, die die Sonne uns schenkt. Durch sie können Pflanzen wachsen, Tiere leben und wir Menschen unseren Alltag gestalten. Ohne die Sonne gäbe es kein Leben auf diesem Planeten. Herr, ich danke dir für deine Weisheit und Güte bei der Schaffung dieses wunderbaren Systems. Du hast die Sonne so perfekt platziert und dimensioniert, dass sie genau das richtige Maß an Energie liefert, um alles am Leben zu erhalten.

Gott loben und danken für die Sonne als regenerativer Energiequelle

Gott, wir loben Dich und danken dir
für die Sonne als Energiequelle hier.
Du hast sie geschaffen, strahlend und klar,
und sie versorgt uns mit Energie wunderbar.
In deiner Weisheit hast du uns bedacht,
mit einer Sonne, die uns Wärme und Licht gebracht.
Sie spendet uns Energie, rein und klar,
und ist eine regenerative Quelle wunderbar.

Wir preisen dich für deine Schöpfungskraft,
die uns die Sonne als Geschenk erschafft.
Durch sie können wir nachhaltig leben,
und das ist für die Umwelt ein Segen.
Durch Solaranlagen und Technologie geschickt,
wird uns saubere Energie geschickt.
Wir sind dankbar für diese Ressource so rein,
sie hilft uns umweltbewusst zu sein.
Gott, wir danken dir sehr von Herzen
für die Sonne hier für uns auf Erden.

Lob, Preis und Dank

Sonne und Wind als gute Gaben Gottes zur regenerativen Energiegewinnung

Sonne und Wind, Gaben Gottes so wunderbar,
sie schenken uns Energie, das ist sonnenklar.
Regenerative Quellen voller Kraft und Licht,
sie bringen uns Fortschritt und neue Möglichkeiten in Sicht.
Die Sonne, strahlend und warm,
versorgt uns mit Energie en mass.
Durch Photovoltaik und Solarthermie,
nutzen wir ihre Strahlen für unser Wohlbefinden wie noch nie.
Die Windkraft, stark und stetig,
treibt die Windräder an, das ist richtig.
Mit ihren Rotoren in der Luft,
erzeugen sie Strom durch des Windes Kraft.
Diese Gaben Gottes sind uns gegeben,
um nachhaltig zu leben.
Sie sind sauber und erneuerbar,
und helfen uns beim Klimaschutz wunderbar.
Lasst uns diese Geschenke ehren und preisen,
und ihre Energieernte mit Dankbarkeit begehen.
Denn sie ermöglichen uns eine grüne Zukunft zu gestalten,
und weitere Schäden von unserer Umwelt fern zu halten.

Dank für die Kraft von Sonne und Wind

Dank sei der Sonne, die uns ihre Strahlen schenkt
und mit ihrer Kraft unsere Herzen lenkt.
Sie erhellt den Tag und wärmt uns sanft
und lässt uns spüren, wie das Leben rankt.
Dank sei dem Wind, der über Felder weht
und mit seiner Stärke unsere Windräder dreht.
Er bringt Bewegung und frische Luft
und zeigt uns, dass Veränderung oft gut tut.
Die Sonne und der Wind, sie sind so stark,
sie liefern Energie, Tag für Tag, ganz markant.
Sie sind die Quellen unserer Zukunftsmacht
und helfen uns auf dem Weg zur grünen Pracht.
Dank sei der Sonne und dem Wind
für ihre Kraft und ihren unermüdlichen Sinn.
Sie zeigen, was erneuerbare Energien zu leisten im Stande sind,
und helfen uns dabei, eine bessere Welt zu bauen.
Lasst uns dankbar auf diese Gaben schauen
und mit ihrer Kraft unser Leben bauen.
Mit Sonne im Herzen und mit Wind im Rücken
können wir gemeinsam die Welt beglücken.

Die Sonne als Königin der regenerativen Energien loben

Sonne, Königin der regenerativen Energien,
dein strahlendes Licht schon seit langem uns erschien.
Du bist die Quelle, die uns mit Energie versorgt
und bei uns für Kraft und Wärme sorgt.
Deine Strahlen durchdringen die Dunkelheit der Nacht
und wecken die Welt aus ihrem Schlaf zur vollen Pracht.
Du gibst den Pflanzen Lebenskraft und Stärke,
lässt sie blühen und heranwachsen für ihre Werke.
Als regenerative Energiequelle bist du unvergleichlich,
deine Kraft ist sauber, nachhaltig und unerschöpflich.
Mit Solarenergie und Solarthermie nutzen wir dich geschickt,
damit Strom zu erzeugen und Wasser zu erwärmen, das ist schick.
Du bist eine Quelle der Hoffnung in Zeiten von Klimawandel,
zeigst uns einen Weg zu einer Welt ohne Kriege und fossile Händel.

Durch deine Energie können wir die Umwelt schonen,
dann wird für kommende Generationen sich um so mehr Zukunft lohnen.
Oh Sonne, wir loben dich für deine strahlende Pracht,
für deine regenerative Energie, die uns Freude macht.
Du bringst uns Wärme und Licht,
und die grüne Energiewende in Sicht.

Dank für die Sonnenernte

Dank sei der Sonne, die uns ihre Strahlen schenkt
und uns mit Energie und Wärme beschenkt.
Wir ernten ihre Kraft, Tag für Tag,
und nutzen sie für unser Wohlbehagen und Glück.
Dank sei den Solarzellen, die sie einfangen
und ohne Schmutz in elektrischen Strom umwandeln.
Speicher halten die Energie für uns bereit,
damit wir sie nutzen können, zu jeder Zeit.
Dank sei den Ingenieuren und Forschern,
die an neuen Technologien arbeiten und forschen,
sie verbessern die Effizienz der Solartechnik
und machen sie immer leistungsfähiger mit viel Geschick.
Dank sei den Menschen, die auf erneuerbare Energien setzen
und damit unsere Umwelt schützen und retten.
Sie tun den Weg uns ebnen,
unseren ökologischen Fußabdruck zu verkleinern und nachhaltig zu leben.
Dank sei der Sonnenernte, sie ist ein Segen,
um auf saubere Energie zu setzen
und auf fossile Brennstoffe zu verzichten.
Lasst uns weiterhin die Sonne preisen und ehren
und ihre Energieernte mit Dankbarkeit begehen.

Ein Lob auf Photovoltaik und Solarthermie

Photovoltaik und Solarthermie, oh wie wunderbar,
ihr seid die Helden der erneuerbaren Energien, das ist klar.
Mit euren Technologien und eurer Kraft
schenkt ihr uns Energie, die niemals erschlafft.
Auf den Dächern glänzen die Module schön
und liefern uns sauberen Strom früh morgens schon.

Solarthermie, du nutzt die Sonne für Wärme
und heizt unsere Häuser ohne schwarzen Rauch.
Mit deinen Kollektoren auf dem Dach
sorgst du für warmes Wasser ohne Ungemach.
Ihr beide seid unersetzlich und wichtig,
ihr helft uns beim Klimaschutz, das ist fein und richtig.
Denn mit euch können wir auf fossile Brennstoffe verzichten
und unsere Umwelt nachhaltig schützen und bewahren.
Lasst uns euch loben und preisen jeden Tag
für eure Leistung und euren Beitrag.
Ihr seid die Zukunft der Energiegewinnung
und bringt uns eine nachhaltige Versorgung ohne Begrenzung.
Wir danken für euere unerschöpfliche Kraft,
die uns hilft, nachhaltig zu leben mit Bedacht.
Lasst uns weiterhin auf euch setzen und vertrauen,
mit euch eine grüne Zukunft bauen.

Gott preisen für die Sonne als Motor des Lebens

Gott, wir preisen dich für die Sonne als Motor des Lebens,
für ihre Strahlen, die uns Energie und Freude geben.
Du hast sie geschaffen, strahlend und klar,
und sie ist ein Geschenk, das ist wunderbar.
Durch die Sonne werden Pflanzen zum Leben erweckt,
sie wachsen und blühen voller Kraft und Stärke gen Himmel gereckt.
Sie versorgt uns mit Nahrung und sauberer Luft
und schenkt uns eine Welt voller Schönheit und Duft.
Auch die Tiere und wir Menschen sind von ihr abhängig,
sie spendet Wärme und Licht, macht uns lebendig.
Die Sonne, die uns viel Segen bringt
und uns mit Wärme durchdringt,
sie regelt den Kreislauf der Natur mit ihrer Macht
und sorgt für Balance in dieser Welt voller Pracht.
Gott, wir danken dir für deine Schöpfungskraft,
die uns die Sonne als Motor des Lebens erschafft.
Durch sie können wir wachsen und gedeihen
und das Leben in vollen Zügen genießen.
Danke, dass du uns die Möglichkeit gibst,

die Sonnenenergie zu nutzen, wo immer es sich ergibt.
Solaranlagen mit moderner Technologie gespickt,
erzeugen saubere Energie geschickt.
Gott, wir loben dich angesichts solch Segens
und die Sonne als Motor des Lebens.

Anlagenbetreiber von Photovoltaik und Solarthermie preisen

Anlagenbetreiber von Photovoltaik und Solarthermie,
wir preisen euch sehr,
denn ihr seid die wahren Helden der erneuerbaren Energie, das ist klar.
Mit eurem Einsatz und eurer Investition
sorgt ihr für eine nachhaltige Energieproduktion.
Ihr habt die Vision erkannt
und auf erneuerbare Energien gesetzt mit Verstand.
Ihr habt Solaranlagen installiert
und damit zur Energiewende beigetragen, ungeniert.
Ihr seid die Pioniere des grünen Wandels
und zeigt uns allen, wie man nachhaltig handelt.
Durch eure Anlagen wird Sonnenlicht eingefangen,
mit eurem Einsatz reduziert ihr CO2-Emissionen
und seid damit Vorbilder für Millionen!
Wir danken euch für euren Mut und eure Weitsicht,
für euren Beitrag zum Klimaschutz und zur Energiewende, die so wichtig.
Lasst uns gemeinsam weiterhin erneuerbare Energien einsetzen
und auf eine nachhaltige Zukunft setzen.
Anlagenbetreiber von Photovoltaik und Solarthermie,
wir preisen euch sehr,
euer Einsatz und eure Energieernte, das lohnt sich immer mehr.
Lasst uns gemeinsam den Weg in eine grüne Zukunft gehen
und die Sonnenenergie als Quelle der Kraft und des Segens sehen.

Gedichte

Gedicht zur Sonne

Sonne, strahlendes Licht,
Du bringst uns Wärme und Zuversicht.
Mit deinen goldenen Strahlen
kannst du die dunkelsten Tage erhellen.
Du steigst am Morgen empor
und gibst uns für den Tag Kraft zuvor.
Dein warmes Leuchten erfüllt die Welt
und vertreibt die Kälte, die uns quält.
Du malst ein Gemälde am Himmelblau,
mit Farben so leuchtend und wunderbar genau.
Von gelb über orange bis hin zu rot
bist du ein wahres Meisterwerk von Gott.

Gedicht zur Kraft der Sonne

Sonne strahlt mit all ihrer Macht,
sie gibt uns Energie und Lebenskraft.
Sie scheint am Himmel so hell und klar
und vertreibt die Dunkelheit, Jahr für Jahr.
Mit ihrer Kraft bringt sie Licht ins Dunkel
und schenkt uns Hoffnung, in jedem Winkel.
Sie lässt das Leben erwachen sacht,
ihr Licht durchdringt die dunkle Nacht.
Sie bringt den Frühling in das Land
und schenkt dem Leben ein neues Gewand.
Sie gibt den Pflanzen Lebenskraft
und lässt sie wachsen, stark und voller Saft.
Die Blumen öffnen ihre zarten Kelche,
im Sommer blühen immer welche.
Die ganze Vogelschar dann voll Freude singt,
was unser Herz zum Strahlen bringt.
Auch wir Menschen spüren ihre Macht,
weil sie wärmt und glücklich macht.
Die Sonne gibt uns Mut und Zuversicht
und macht uns bereit für jeden Schritt.
Wenn wir auf die Sonne setzen,
können wir Berge versetzen.
Lasst uns die Kraft der Sonne nutzen,
um unser Leben zu erhellen und die Welt zu schützen.

Gedicht zur Energie-Erntedank

Lasst uns feiern Energie-Erntedank
mit Freude und Dankbarkeit im Herzensrank.
Für die Sonne, die uns ihre Strahlen schenkt
und den Wind, der uns mit Kraft beschenkt.
Wir ernten die Energie aus Sonnenlicht
und wandeln sie um, ganz ohne Verzicht.
Mit Photovoltaik und Solarthermie
nutzen wir die Sonne als Quelle für Energie.
Die Windkraft treibt die Räder an
und erzeugt Strom, wie nur sie es kann.
Mit Windrädern hoch in der Luft
gewinnen wir die Energie, das ist effektiv und eine Lust.

Gedicht zur Sonnenernte

Die Sonne strahlt am Himmelszelt
mit ihrer Kraft, die uns erhellt,
sie spendet Licht und Wärme pur,
ein Geschenk, für uns nicht nur.
Ihre Strahlen treffen auf die Erde
und geben uns Energie, die begehrte.
Durch Sonnenkollektoren und Solarzellen
können wir uns das Leben mit Sonnenkraft erhellen.
Die Solarernte ist ein Segen,
sie hilft uns, nachhaltig zu leben.
Mit Sonnenkraft, so rein und klar,
schützen wir die Natur, das ist wunderbar.
Die Sonne ist ein unerschöpflicher Schatz,
der uns mit Energie versorgt.
Lasst uns sie nutzen, mit Bedacht,
für eine Zukunft, die nachhaltig lacht.

Gedicht zur Ernte von regenerativer Energie

Die Ernte der Energie, so wunderbar,
aus regenerativen Quellen, das ist klar.
Wir pflanzen keine Samen in die Erde hinein,
doch ernten den Strom, ganz ohne Pein.

Die Sonne strahlt auf uns herab
und liefert uns Energie gar nicht knapp.
Mit Solarzellen fangen wir sie ein
und wandeln sie um, in Strom so rein.
Der Wind weht kräftig über das Land
und treibt die Windräder mit seiner Hand.
Sie drehen sich schnell und munter im Kreise
und erzeugen Energie, mal laut mal leise.
Auch Biomasse und Wasserkraft sind dabei,
sie liefern uns Energie Tag für Tag ganz frei.
Aus Pflanzenresten und Holz entsteht die Kraft,
die uns versorgt und voranbringt mit viel Saft.
Lasst uns feiern diese Erntezeit
mit Dankbarkeit und Freude weit und breit.
Denn regenerative Energie ist unser Schatz,
der uns versorgt und bringt viel Glanz ohne Umweltlast.

Gedicht Die Sonne als regenerative Energiequelle

Die Sonne, sie schenkt uns Licht und Wärme pur
und ist zugleich eine Kraftnatur.
Als regenerative Energiequelle bekannt
wird sie genutzt mit Sinn und Verstand.
Photovoltaik-Anlagen auf den Dächern prangen,
in Strom verwandelt werden Sonnenstrahlen.
Die Sonne liefert uns frei Haus die Energie,
schädliche Emissionen gibt es dabei so gut wie nie.
Solarthermie nutzt die Sonnenkraft geschickt,
um Wasser zu erwärmen, das ist gewiss kein Trick.
Heizung und Warmwasser werden so versorgt,
und fossile Brennstoffe bleiben unberührt.
Die Sonne als Energiequelle ist nachhaltig und klar,
sie schont die Umwelt, das ist sonnenklar.
Mit ihrer Hilfe können wir grün leben
und einen Beitrag zum Klimaschutz geben.
Lasst uns die Sonne als Energiequelle preisen,
sie bietet uns Möglichkeiten, die sollten wir nicht verschmähen.
Mit ihrer Kraft können wir die Welt verbessern,

statt sie für kommende Generationen zu verwässern.
Darum lasst uns die Sonne als Partner sehen
und auf die Ernte ihrer Energie uns verstehen.
Lasst uns auf erneuerbare Energien setzen
und unsere Umwelt schützen und retten.

Gedicht Die Sonne als Motor des Lebens

Sonne, Motor des Lebens, strahlt am Himmel weit,
sie bringt uns Licht und Wärme zu jeder Zeit.
Ohne sie gäbe es kein Leben hier auf Erden,
sie ist die Quelle, von der wir zehren und inspiriert werden.
Ihre Strahlen geben den Pflanzen Energie und Kraft,
sie ermöglichen das Wachstum, Tag für Tag erschafft.
Durch die Photosynthese entsteht Sauerstoff ganz rein
und wir können atmen dank der Sonne fein.
Die Sonne ist der Motor, der alles antreibt,
sie gibt uns Energie damit uns Lebensfreude bleibt.
Durch ihre Strahlen werden wir aktiv und stark
und können unsere Träume verwirklichen willensstark.
Lasst uns die Sonne als Motor des Lebens preisen,
sie ist ein Geschenk, für das wir nichts müssen leisten.
Mit ihrer Kraft können wir wachsen und gedeihen
und das Leben in vollen Zügen genießen.

Gedicht Mit Sonne im Herzen

Mit Sonne im Herzen strahlen wir weit,
verbreiten Wärme und Freude in dieser Zeit.
Sie erhellt den Tag, lässt die Dunkelheit vergehen
und lässt uns voller Energie durchs Leben gehen.
Die Sonne im Herzen, sie gibt uns Kraft,
sie schenkt uns Mut und sorgt für den nötigen Saft.
Sie wärmt unsere Seele, auch in winterlicher Zeit,
und lässt uns spüren, das Leben ist ein Geschenk verliehen auf Zeit.
Mit Sonne im Herzen sind wir erfüllt voll Licht,
strahlen Liebe und Glück in jedes Gesicht.
Sie lässt uns lachen und fröhlich sein
und schenkt uns Momente des puren Seins.

Die Sonne im Herzen, sie zeigt uns den Weg,
lässt uns erkennen, was im Leben zählt und geht.
Sie leitet uns durch dunkle Zeiten Schritt für Schritt
und schenkt uns inneren Frieden und Zuversicht.
Mit Sonne im Herzen sind wir stark und frei,
gehen unseren Weg mit Leichtigkeit.
Sie lässt uns tanzen, singen, lachen
und unser Potenzial voll entfalten,
um unser Leben mit Kraft zu gestalten.
Lasst die Sonne in euren Herzen scheinen
und lasst sie euer Leben mit Freude bescheinen.
Denn mit Sonne im Herzen sind wir nie allein,
sie begleitet uns auf unserem Lebensweg Tag aus Tag ein.

Schlusswort

Solar-Erntedank feiern

Hier sind einige Vorschläge, wie man ein Solar-Erntedankfest gestalten könnte, um Gott für die gesegneten Ressourcen und Technologien zur Energieernte zu danken.

1. Gottesdienst: Organisiert einen speziellen Gottesdienst, in dem Ihr Gott für seine Großzügigkeit und Güte dankt. Betet gemeinsam und singt Loblieder, um Eure Dankbarkeit auszudrücken.
2. Predigt: Bittet den Pastor oder eine Person aus der Gemeinde, eine Predigt über die Bedeutung der Energieernte und den verantwortungsvollen Umgang mit unseren Ressourcen zu halten.
3. Gemeinsames Essen: Ladet Eure Gemeinde oder Freunde zu einem gemeinsamen Essen ein. Verwendet dabei nach Möglichkeit lokale und saisonale Lebensmittel, um auch die Nachhaltigkeit in der Ernährung zu betonen.
4. Informationsstände: Stellt Informationsstände auf, an denen verschiedene erneuerbare Energietechnologien vorgestellt werden können. Dies kann den Menschen helfen, mehr über diese Technologien zu erfahren und sie dazu ermutigen, sie in ihrem eigenen Leben einzusetzen.
5. Aktivitäten für Kinder: Organisiert Spiele und Aktivitäten für Kinder, um ihnen spielerisch beizubringen, was man mit der Sonne alles machen kann und wie wichtig es ist, unsere Energiequellen zu schützen und nachhaltig damit umzugehen.
6. Dankgebete: Schafft Raum für persönliche Dankgebete, in denen Menschen ihre eigene Dankbarkeit für die gesegneten Ressourcen und Technologien zur Energieernte ausdrücken können.
7. Gemeinschaftsprojekte: Ermutigt Eure Gemeinde mittels gemeinsamer Projekte erneuerbare Energien zu fördern, zum Beispiel die Installation von Solaranlagen auf privaten und kirchlichen Gebäuden oder die Organisation von Energiesparworkshops.

Hilfreiche Links

https://www.sfv.de Solarenergie Förderverein Deutschland
https://www.sfv.de/solarbrief-02-2023 Speziell zur solaren Bildung
https://packsdrauf.de Solarinfos von und für Nachbar:innen
https://buergersolarberatung.de
https://metropolsolar.de Moderation, Schulung und Beratung
https://www.solarbildung.org/
https://www.solarfuerkinder.de

Anmerkungen

1. https://www.spiegel.de/wirtschaft/unternehmen/klimawandel-nicholas-stern-ueber-den-wandel-der-wirtschaft-a-995539.html
Eine Greenpeace-Studie aus dem Jahr 2023 kommt zu einem erschreckenden Ergebnis: Es sterben Hunderttausende Menschen an den von Öl- und Gaskonzernen verursachen Treibhausgasen, act.gp/41eQa1x# und https://www.greenpeace.org/static/planet4-netherlands-stateless/2023/12/885ced20-layout-cdt-1.pdf
2. https://www.ardalpha.de/wissen/gesundheit/ernaehrung/kartoffel-geschichte-europa-100.html)
3. https://www.sonnenseite.com/de/wirtschaft/deutschland-gibt-jaehrlich-70-milliarden-euro-an-steuergeldern-aus-um-fossile-statt-erneuerbare-energien-zu-foerdern/ 5.8.2023
4. Damals ging ich noch von diesem wesentlich geringeren Ertrag aus. Inzwischen gilt gemäß einem Artikel in der Zeit „Lasst die Sonne rein" vom 7.4.2022: „Den gesamten Energiebedarf Deutschlands aus Fotovoltaik zu decken ist möglich… 560 Gigawatt an Leistung auf Dächern seien möglich, haben Wissenschaftler errechnet." https://www.zeit.de/2022/15/solarenergie-strom-sonne-fotovoltaik 20-25% des gesamten Energiebedarfs (im Jahr 2023 waren es 2997,5 TWh Primärverbrauch, 2368 TWh Endverbrauch) kann durch Photovoltaik auf deutschen Dächern gedeckt werden und darin enthalten sind 100% des Strombedarfs. Siehe dazu auch https://www.umweltbundesamt.de/daten/energie/energieverbrauch-nach-energietraegern-sektoren#allgemeine-entwicklung-und-einflussfaktoren und https://www.tga-fachplaner.de/meldungen/energietraeger-primaer-energie-ver-brauch-sinkt-2023-auf-neuen-tiefstand. Siehe auch Anmerkung 15

5. Wetterauer Zeitung 27.9.2011
6. Idsteiner Zeitung 22.11.2013
7. Idsteiner Zeitung 13.9.2022
8. https://de.wikipedia.org/wiki/Geschichte_der_Photovoltaik
9. Erstellt mit Unterstützung durch Prof. Arvind Shah, der 2005 den Schweizer Solar Preis für seine Verdienste in der Solarforschung erhielt.
10. https://www.solarwirtschaft.de/datawall/uploads/2022/02/bsw_faktenblatt_photovoltaik.pdf
11. www.solarbranche.de/ausbau/deutschland/photovoltaik
12. www.solarwirtschaft.de/2024/01/03/2023-mehr-als-eine-million-neue-solaranlagen/
13. https://www.solarwirtschaft.de/datawall/uploads/2024/02/2024_01_BSW_Solar_Faktenblatt_Solarwaerme.pdf
14. https://www.solarbranche.de/ausbau/deutschland
15. https://www.sfv.de/die-koenigin-der-erneuerbaren-energien, siehe auch https://www.umweltbundesamt.de/sites/default/files/medien/479/publikationen/texte_76-2022_anpassung_der_flaechenkulisse_fuer_pv-freiflaechenanlagen_im_eeg_vor_dem_hintergrund_erhoehter_zubauziele.pdf Siehe auch Anmerkung 15
16. https://www.ise.fraunhofer.de/content/dam/ise/de/documents/publications/studies/aktuelle-fakten-zur-photovoltaik-in-deutschland.pdf
17. https://fs-sun.com/assets/files/solarkids/sonne.pdf
18. https://www.ingenieur.de/technik/fachbereiche/energie/in-halben-stunde-schickt-sonne-energie-erde-menschen-im-jahr-verbrauchen/
19. https://www.enercity.de/magazin/unsere-welt/studie-weltweites-pv-potenzial
20. https://www.umwelt-im-unterricht.de/medien/dateien/erneuerbare-energien-schuelerheft-und-handreichung-archiv
21. Ebenso
22. https://www.umwelt-im-unterricht.de/medien/dateien/versuch-waermedaemmung
23. Hanna Strack, Pinnow/Schwerin: VIRIDITAS bei Hildegard von Bingen, www.hanna-strack.de, VIRIDITAS bei Hildegard von Bingen und ihre Bedeutung für eine Theologie des Blühens, S. 3
24. Strack S. 10
25. Strack S. 4 Siehe dazu auch Hildegard von Bingen, Lieder, nach den Handschriften herausgegeben von Pudentiana Barth OSB/M. Immaculata Ritscher OSB und Joseph Schmidt-Görg, Salzburg 1969, Lied 39
26. Lied 39, zitiert nach Strack, S. 10

27. Lied 19, zitiert nach Strack, S. 4
28. Strack S. 5
29. Hildegard von Bingen. Briefwechsel. Nach den ältesten Handschriften übersetzt und nach den Quellen erläutert von Adelgundis Führkötter OSB, Salzburg1990, S. 109, zitiert nach Strack S. 4
30. Briefe S. 68, zitiert nach Strack S. 5
31. Strack S. 6
32. Hildegard, Welt und Mensch, Das Buch „De operatione Dei“, aus dem Genter Kodex übersetzt und erläutert von Heinrich Schipperges, Salzburg, S. 282, zitiert nach Strack S. 4
33. Hildegard, Welt und Mensch 47, zitiert nach Strack S. 7
34. Strack S. 7
35. Welt und Mensch S. 158, 222, zitiert nach Strack S. 7
36. Briefe S. 142, zitiert nach Strack S. 7
37. Strack S. 11
38. Raimundo Panikkar, The Vedic Experience, Mantramanjari.
An Anthology of the Vedas for Modern Man and Contemporary Celebration, Pondicherry/Indien 1977, 315, übersetzt aus dem Englischen
39. Panikkar 315
40. Bhagavat Gita XV,12, Panikkar 316
41. https://ramakrishna.de/vedanta/bhagavad-gita15.php
42. Siehe dazu Panikkar 322
43. Siehe dazu Panikkar 319
44. Siehe dazu Panikkar 808
45. Panikkar 131
46. Panikkar 131
47. Siehe dazu Panikkar 132
48. Kirchenvater Ambrosius (um 340 - 397), Bischof von Mailand und Hymnendichter, Texte zur Theologie, Dogmatik Schöpfungslehre I, Hrsg. W. Beinert, bearbeitet von Georg Kraus, Granz, Wein, Köln 1992, 135 https://www.aphorismen.de/gedicht/4153
49. Hanna Strack: Schöpfungswonne. Eine Theologie des Blühens, Münster 2018.
50. Gregor von Nazianz https://www.renovabis.de/site/assets/files/12883/renovabis-aktionsheft2021-doppelseiten-lowres.pdf
51. Jan Berry, in Autumn von Ruth Burgess, https://www.ionabooks.com/product/creation-time-pdf-download/ übersetzt aus dem Englischen
52. Hildegard von Bingen, Lied 39
53. Mit Bezug auf Psalm 96 und 98

Kontakt:

Andreas Krone und Lucy D'Souza-Krone
Wehrbörder 14
55599 Siefersheim
Tel. 06703-3075381
Email: Andreas.Lucy@t-online.de
Homepage: www.lucy-art.de

Ausleihbar ist die Gemäldereihe „Kunst fürs Klima" von Lucy D'Souza-Krone und eine Ausstellung „Photovoltaik von allen für alle".

Die Sonne als Motor des Lebens

Sonne, Wind und Wasser – Energie in Hülle und Fülle

Die Sonne ist Motor der Energiekreisläufe auf der Erde. Der kleine Kreis in dunkelblauer Farbe steht für die Ozeane, deren obere Gewässer von der Sonne erwärmt werden und verdunsten. Es entsteht Wind, der als Energie genutzt werden kann. Die Wolken regnen sich ab, füllen Bäche und Flüsse. Aus dem strömenden Wasser kann Energie gewonnen werden. Das Wasser und das Sonnenlicht lassen die Vegetation auf Erden wachsen und Biomasse entstehen. Wir können die Sonne vielfältig nutzen, z. B. zum Kochen mit Solarkochern und durch Solarkollektoren - sie bilden den großen blauen Kreis. Mit der Sonne stellt uns der Himmel Energie in Hülle und Fülle zur Verfügung. Es ist an der Zeit Energie von Sonne, Wind und Co. zu ernten, zu nutzen und dafür zu danken. Feiern auch Sie schon Solar-Energie-Erntedank?...